晋祠古建筑

王新生 主编

文物出版社

责任编辑：孙　霞
特邀编辑：范　纬
版式设计：范　纬
责任印制：张道奇

图书在版编目（CIP）数据

晋祠古建筑 / 王新生主编. -- 北京：文物出版社,2014.7
ISBN 978-7-5010-3975-3
Ⅰ.①晋… Ⅱ.①王… Ⅲ.①晋祠—古建筑—介绍
Ⅳ.①K928.75

中国版本图书馆CIP数据核字(2014)第042318号

晋祠古建筑

王新生　主编

文物出版社出版发行

北京市东直门内北小街2号楼

邮政编码：100007

http://www.wenwu.com

E-mail: web @ wenwu.com

中煤地（北京）广告有限公司制版

中煤涿州制图印刷厂北京分厂印刷

新华书店经销

787×1092　　1/8　　印　张：48

2014年7月第1版　2014年7月第1次印刷

ISBN 978-7-5010-3975-3　　定价：1980.00元

序 言

　　晋祠，是一座纪念历史人物唐叔虞的祠堂，是自然山水与宗祠建筑相结合的名胜古迹，位于市区西南二十余公里的悬瓮山麓晋水发源地。祠宇坐西向东，背山面水，古树成荫，风景秀丽，其中建筑、塑像、壁画、碑刻等皆具价值，古建筑尤其引人注目。20世纪30年代，著名建筑学家梁思成考察晋祠后，曾撰有《晋汾古建筑预查纪略》一文，刊载于《营造学社汇刊》，晋祠之名曾引起一些学者重视。新中国成立后，随着文化事业的繁荣和旅游业的发展，晋祠遂成为祖国历史文化中的一颗明珠，闪耀着灿烂的光芒。

　　瞻仰晋祠，古建筑最引人神往。前往晋祠素描、油画、摄影、录像乃至新闻采集者，皆以古建筑为重心，这是晋祠文物的历史地位所决定的。其中，圣母殿，宋代建筑，宽七间，深六间，重檐歇山，副阶周匝，前廊深两间，廊柱上宋制木雕盘龙八条，这不仅是我国宋代建筑的代表作，也是我国木雕盘龙柱的最早实例；鱼沼飞梁位于圣母殿之前，宋代建筑，东西平坦，南北下斜如翼，以梁枋连接四岸，犹如展翅欲飞之势，结构之巧，造型之殊，不仅是我国建筑史上的孤例，就是在桥梁史和园林史上，也是全国独有的一构；献殿，金代建筑，三开间，歇山式，四周木栅栏围护，当心间前后穿通，是当年祀奉圣母的地方，这是全国现存木结构建筑中最古的献殿（包括献亭、享亭之类），宋金之际，周无墙壁，木栅栏围护者，更是晋祠所独有。此三者在我国建筑史上的历史地位，不言而喻，可想而知。

　　晋祠的元代建筑，似乎不太受人们重视，实则也是颇具价值的。景清门，原为晋祠大门，紧依堡墙而置，元代建，年久残损，移于奉圣寺保存，结架精炼，构造整饬，与芮城永乐宫无极门同为全国稀有之元代门庑实例。唐叔虞祠正殿，元初建，开始曾为叔虞祠寝宫，清乾隆间移正殿于此，殿宇规模宏敞，殿内空间开阔，梁架用材尤为经济，其断面尚及不及清代官式建筑的三分之一，历经七百多年岁月安然无恙，其结架之巧妙，力学之纯熟，是很值宏扬和赞许的！

　　还有明代重建之难老、善利二泉亭，造型挺拔，结构奇妙，瓦顶高程超越柱高两倍以上，全国仅见。明建水母楼，依山就势，魁梧壮丽；明建东岳庙，布局严谨，造形典雅；明清两度合成之水镜台，既有元明乐楼之风，又有清代戏文场所之雅，造形之殊，全国仅见。清代，已是我国古建筑的尾声，但晋祠依然有精华可尝，文昌宫门楼，造型典雅，清流作伴，相映成趣；钧天乐台，图案华美，雕刻细腻，无以伦比；奉圣寺舍利塔顶部依屋面布列之八大琉璃盘龙，堪称全国奇例。至于祠宇之中的石刻、彩塑、琉璃、壁画、铁人、铁狮、古树名木等，更是不胜枚举。可以说，晋祠是古代文化的荟萃之地，是历史文物的集群区，它文化底蕴丰厚，艺术造诣极佳，致使许多观者流连忘返。这是民族传统文化的感染，是历史文明的魅力，是其它任何艺术形式所不能比拟的。

晋祠博物馆王新生馆长具有远见卓识，曾提出：宏扬晋祠的历史文化成就是我们的职责所在，尽职尽责是我们的本能。为此，组织力量对晋祠古建筑进行研究，并将其研究成果汇集成册出版，这是一件大好事，是弘扬祖国传统文化的盛举，是传颂太原历史文明的一曲高歌。其中刊出的摄影师们潜心探究所拍摄的大量精美图版，给诸多读者和瞻仰者以引鉴，这是很值得赞许的！

晋祠的历史文物极为丰富，可研究的项目和课题很多，望能以此为开端，不断地有新的研究成果问世。是为序。

柴泽俊

2014年3月

Foreword

Jinci Ancestral Temple, constructed in commemoration of Shuyu — the first ruler of Jin State (1033~376 B.C.) during the Zhou Dynasty (11th century~256 B.C.), is a historic and cultural site famous for its perfect combination of natural landscape and ancestral architecture. The temple is located at the foot of Mount Xuanweng, the original source of the Jin River, over 20 kilometers southwest of Shanxi's capital Taiyuan. Jinci Ancestral Temple faces east with water in the front and hills at the back and thick woods and beautiful scenery around. Its ancient architecture, exquisitely-carved sculptures, elaborate wall paintings and well-preserved stone tablets make it a precious source of Chinese cultural heritage.

In the 1930s, Liang Sicheng, a famous Chinese architect, made an inspection tour to Jinci Ancestral Temple. He wrote an article titled Pre-check of Ancient Buildings in Shanxi Province, which was later published in The Society for Research in Chinese Architecture. Since then, Jinci Ancestral Temple has attracted many scholars to come. Along with the development of China's tourism and the prosperity of the Chinese culture, the temple has become even more well-known since the founding of the People's Republic of China in 1949. In Jinci Ancestral Temple, the ancient buildings are most fascinating. Their historical value has made them attractive to a great number of painters, photographers, cameramen and journalists.

Shengmu (Saint Mother) Hall, the oldest building in Jin Ancestral Temple, was built during the Song Dynasty (960~1279). The hall, seven-bay wide and six-bay long, is surrounded by cloisters, with double-eave gables and hipped roofs. It is a representative architecture of the Song Dynasty, as well as the earliest example of wood columns carved with coiling Chinese-dragons. Its front porch is two-bay long, and the porch columns were carved with eight coiling Chinese-dragons during the Song Dynasty.

In front of the hall there is a square pool named Yuzhao (Fish Pond) spanned by a bridge called Feiliang (Flying Girder). It was also built during the Song Dynasty. Feiliang lies flat from east to west, and its northern and southern sections descend like open wings. The wooden square blocks inserted between the top of columns and crossbeams support the arch of the bridge. The whole building looks just like a huge bird ready to soar. Boasting its elaborate structure and special shape, the building is unique not only in the history of Chinese architecture, but also in the country's history of bridge and garden.

The Xian (Worship) Hall was built during the Jin Dynasty (1115~1234) for worshipping the Goddess and for sacrificial offerings. Surrounded by wooden fences, the hall is 3-bay wide, with single-eave hip-and-gable roofs. There are doors in the middle of the front room and back room. It is the oldest existing wooden worship hall in Chinese history. During the Song and Jin dynasties, replacing enclosure walls with wooden fences was a peculiarity of Jinci Ancestral Temple.

Saint Mother Hall, Yuzhao Feiliang and Xian Hall are all representative works in the history of Chinese architecture.

The Yuan Dynasty (1206~1368) buildings in Jinci Ancestral Temple seem to have long been neglected, but they are of great value in fact. Jingqing Gate, used to be the main gate of Jinci Ancestral Temple, was built close to the palace wall. It was damaged through years, and was moved to Fengsheng Temple for better preservation. With a simple and brief style, Jingqing Gate and Wuji Gate of Yongle Palace in Ruicheng County are regarded as two rarest covered doorways of the Yuan Dynasty.

The main hall of Jinci Ancestral Temple was built during the early Yuan Dynasty first as a resting place of Shuyu, and later became the main hall during the reign of Emperor Qianlong (1736~1795) in Qing Dynasty (1616~1911). The hall, large and spacious, was ingeniously designed. It was built very economically — its beams and girders only used one third of the materials for building those official buildings in the Qing Dynasty. It is amazing that the hall is still in good condition after seven hundred years.

Nanlao Spring Pavilion and Shanli Spring Pavilion, rebuilt during the Ming Dynasty (1368~1644), are tall and marvelous. Their top roofs are even higher than their pillars, a rare architecture that can only be found in China.

The magnificent Shuimu (River Goddess) Building was built against Mount Xuanweng in the Ming Dynasty. The well-structured Dongyue Temple from the Ming Dynasty is elegant and rigorous in its layout. Built in the Ming and rebuilt during the Qing, the Water Mirror Stage combined the style of the music building from the Yuan and Ming dynasties and the elegance of opera house of the Qing Dynasty.

As the last imperial dynasty, the Qing Dynasty witnessed the final phase of the Chinese ancient buildings. However, there are still many classic buildings from that time. For example, the elegant gate tower in front of Wenchang Palace with springs beside, the elaborately decorated and delicately caved Juntian Opera House, the eight coiling Chinese dragons of glazed bricks on the top of the sputa of Fengsheng Temple are all unique cultural relics in China. There are also numerous stone inscriptions, painted sculptures, glazed bricks, frescos, iron men, iron lions and rare ancient trees in Jinci Ancestral Temple. Such a large number of cultural and art works have attracted visitors from all over the world. They not only demonstrate the charm of traditional Chinese ethnic culture but something more beyond any art forms.

Mr. Wang Xinsheng, the curator of Jinci Museum, is gifted with foresight and good judgment. He told us, promoting the cultural heritages of Jinci Temple is their duty and responsibility. Following his suggestion, we did a thorough research on the ancient buildings in Jinci Ancestral Temple, and published the findings of the research. As a grand cultural event in Taiyuan, it aims to help the inheritance of the traditional Chinese culture. Those beautiful pictures in the book are for the reference of the readers and potential visitors to the temple. There are numerous historical cultural relics in Jinci Ancestral Temple to be studied. We expect that this book will be a good start for such studies.

Chai Zejun

March, 2014

英文翻译　王际洲
英文审定　徐　林

序 言

　　建筑是一个民族的重要特征之一。中国建筑绵延两千余年，形成以木结构为主的艺术风格，背后蕴含着丰富的中国传统文化。她是东亚建筑体系的典型代表，是世界建筑艺术中一颗耀眼的明珠。山西古代建筑在中国建筑史上有着非常重要的地位。据统计，中国现存元以前的古代建筑中，有73%分布在山西，山西是研究、保护和传承中国古代建筑的重要阵地。而地处山西腹地的太原，有一处历史久远、声弥中外的古迹，因其见证了古都二千五百多年岁月变迁而略显厚重沧桑，她就是——晋祠。

　　晋祠，又名唐叔虞祠，在太原西南25公里的悬瓮山麓，距晋阳古城遗址十余里，是国务院公布的首批全国重点文物保护单位。这里依山傍水，风景秀丽，殿堂楼阁周布，古木芳草杂荫。据史料记载，这座纪念西周时晋国开国诸侯姬虞的祠堂，最早可追溯至魏晋南北朝时期。在北魏地理学家郦道元的笔下，晋祠已初具规模，叔虞祠、鱼沼飞梁、献殿尽有，"于晋川之中，最为胜处"。北齐"大起楼观，穿筑池塘"，规模扩大。隋唐时期，晋祠渐盛，已是著名游览胜地，文人墨客造访，诗词歌赋点缀，文化气息愈浓。北宋灭北汉，重修叔虞祠，续写晋祠又一千年，历史翻开新的篇章。元、明、清三代晋祠不断扩建，终有今日之格局。如今，晋祠云集宋、元、明、清乃至民国建筑百余座，时间跨度大，结构类型多，典型性和多样性皆备，统一性和地方性兼得，建筑和园林相映衬，自然与人文互融合，堪称"中国古代建筑博物馆"。

　　晋祠以纪念圣母邑姜、唐侯叔虞为主题，是我国现存最早的祠祀建筑群。创建于北宋太平兴国九年（984）的圣母殿，因其结构接近《营造法式》制度规范，被视为我国现存北宋建筑代表作。建于同一时期的鱼沼飞梁，其十字形结构在我国桥梁建筑史上极为罕见，堪称孤例。而与圣母殿一沼之隔的献殿，建于金大定八年（1168），为祭祀圣母之用。四面矮墙，墙上围栏，内部宽敞，稳如大殿，巧似凉亭。三座建筑被称为"晋祠三大国宝建筑"，其价值和影响可见一斑。祠祀建筑是晋祠建筑群的主体，是儒家思想占主导地位的体现。

　　在漫长的发展演进中，晋祠还融入了佛、道及民间、地方崇拜，宗教建筑比邻而建。始建于隋唐之际的十方奉圣禅寺、浮屠院及舍利生生塔，是晋祠佛教建筑之代表。它们同周边龙山童子寺、天龙山石窟群遥相呼应，是当时并州崇佛兴寺的一个缩影。而道教作为中国土生土长的宗教，多神崇拜的特点使其在民间有很深土壤，晋祠也不例外。从三清到八仙，从龙王到药王，从文昌帝君到东岳大帝，可谓庙观林立。此外，还有鲁班庙、台骀庙、王琼祠、晋水七贤祠等，民间信仰和地方崇拜杂糅，体现了中国传统哲学的兼容并包，反映了晋祠独有的文化氛围。

"三晋之胜，以晋阳为最；而晋阳之胜，全在晋祠。"晋祠展现了中国古代建筑演进之历程，是中国古代文化和建筑艺术宝库中一份珍贵遗产。她是晋阳历史变迁的见证者，也是三晋历史文化的集中体现。保护好、传承好这一优秀的历史文化遗产，是我们文物工作的核心，也是我们文物工作者的使命。

此次编辑出版的《晋祠古建筑》一书，收录了晋祠宋元明清至民国时期的古代建筑百余座。以图片加文字阐释的形式呈现给读者，旨在将晋祠古代建筑艺术做一次全面梳理，以供专家、学者及广大的古建筑爱好者研究和收藏。历史文化遗产是全人类共同的财富，保护和传承这些珍贵遗产是我们共同的责任。

太原市文物局局长　杨支军

2014年3月

Foreword

Architecture is an important cultural icon of a nation. For over 2,000 years, wooden buildings have dominated the history of Chinese architecture and embodied rich traditional Chinese culture. They are representatives of East Asian architectural art, as well as a pearl shining in the world's architecture family. The ancient buildings in Shanxi Province have a special and important status in the history of Chinese architecture. According to official statistics, 73 percent of the extant ancient buildings in China built before the Yuan Dynasty (1206~1368) are located in Shanxi Province, making the province an important place for the research, preservation and inheritance of ancient Chinese architecture. In central Shanxi, there is a world-famous historic site called Jinci Ancestral Temple, which has witnessed the ups and downs of the ancient city — Taiyuan — through the past 2,500 years.

Jinci Ancestral Temple, also known as the Shuyu Temple, is located at the foot of Mount Xuanweng, 25 kilometers southwest of Shanxi's capital Taiyuan, and 5 kilometers away from the site of the ancient Jinyang city. It was among the first group of historical and cultural sites under government protection by the State Council. With water in the front and mountain at the back, the temple has a dense growth of trees and plants with beautiful scenery around.

The temple, constructed in commemoration of Shuyu — the first ruler of Jin State (1033-376 B.C.) during the Zhou Dynasty (11th century~256 B.C.), can be dated back to the Wei, Jin, and Southern and Northern dynasties (220~589). Li Daoyuan, a well-known geographer in the Northern Wei Dynasty (386~534), described Jinci Ancestral Temple as the best scenic spot in Jin (today's Shanxi Province), when the temple was taking shape. The Ancestral Hall of Shuyu, Yuzhao (Fish Pond) Feiliang (Flying Girder) and Xian (Worship) Hall already erected there at that time. More buildings and ponds were built during the Northern Qi Dynasty (550~577). In the Sui and Tang dynasties (581~907), Jinci Ancestral Temple became a famous tourist attraction. A great number of literati visited it and left their poems and articles there, further enriching the culture of the temple. After the Northern Song (960~1127) eliminated the Northern Han (951~979) regime, the temple was rebuilt and continued its new history for 1,000 more years. It was further expanded and rebuilt during the Yuan, Ming, and Qing dynasties (1206~1912), and finally formed its size of today. Now, the temple has more than 400 ancient and modern buildings of different types and structures from the Yuan, Ming and Qing dynasties and the period of the Republic of China (1912~1949), together with beautiful gardens and rich culture. The temple therefore is regarded as "a museum of Chinese ancient architecture."

In memory of Shuyu and his mother Yi Jiang, who was known as the Saint Mother, Jinci Ancestral Temple is the first typical architectural complex of China. The Shengmu (Saint Mother) Hall, built in 984, is regarded as one of the representative buildings of the Northern Song Dynasty, because its structure is close to the model in the book The Rules of Architecture. The Yuzhao (Fish Pond) Feiliang (Flying Girder), which was built in the same period, is the only cross-structure work in the history of Chinese bridges. The Xian Hall, standing opposite to the Shengmu Hall across the pond, was built in 1168 for worshipping Saint Mother. Surrounded by low walls and with fences on the top of the walls, the hall is spacious and in the style of a pavilion. The Shengmu Hall, Yuzhao Feiliang and Xian Hall are regarded as "Three State Treasures in Jinci Ancestral Temple." The buildings for worship and sacrificial offerings are the main part of the temple's architectural complex, indicating the dominant status of Confucianism of the time.

During its long history, Jinci Ancestral Temple incorporated Buddhism, Taoism, and folk and local briefings, so religious buildings were constructed in the complex. For example, the Shifang Fengsheng (Saint Worshiping) Temple, Futu (Buddha) Yard and Stupa are all typical Buddhist buildings of the Sui and Tang dynasties. These buildings, echoing with the Tongzi Temple on Longshan Hill and grottoes in Tianlong Hill, demonstrate that Buddhism was flourishing locally at that time. As a native religion, Taoism, which worships various gods, has deep roots among the people, and this can be seen clearly in Jinci Ancestral Temple. It has temple halls of the Three Purities, Eight Immortals, Dragon King, King of Medicine, God of Literature and God of Mount Tai, as well as the Luban Temple, Taidai Temple, Wangqiong Temple and the Temple of Seven Scholars, integrating folk worshipping with local briefings, displaying the inclusiveness of various traditional Chinese philosophies, and reflecting the unique culture of Jinci Ancestral Temple.

"Jinyang city is the best place of Shanxi Province and Jinci Ancestral Temple is the best place in Jinyang." The temple, representing the progress of the ancient Chinese architecture, is a precious heritage of the ancient Chinese culture and architectural art. It witnesses the ups and downs of Jinyang city, and inherits the history and culture of Shanxi Province. It is our duty and obligation to protect Jinci Ancestral Temple and inherit its rich culture.

This book, The Ancient Buildings in Jinci Ancestral Temple, is a collection of all the existing ancient buildings before the Republic of China. The book aims to show the readers the art of ancient buildings in Jinci Ancestral Temple, and serves as a reference for scholars in their researches. It is also a good choice for collectors. Historical and cultural heritages are the common wealth of mankind, so it is our responsibility to protect and inherit these treasures.

Yang Zhijun

Director of the Taiyuan Administration of Cultural Heritag

March, 2014

英文翻译　王际洲
英文审定　徐　林

晋祠建筑概述

建筑是人类基本的活动之一，也是人类文明的组成部分。以木结构为特征的中国古代建筑在原始社会已经开始萌芽，经历了几千年的发展，积累了丰富的实践经验，逐步发展成一个独特的体系。从单体建筑、组群建筑到城镇营造，古代劳动人民创造了许多优秀的作品，代表了中国古代建筑的伟大成就，是人类文明和建筑领域的珍贵遗产。

早在旧石器时代，先民们就利用天然洞穴居住。进入母系氏族公社时期，人们利用木架和草泥建造简单的穴居和浅穴居，逐步在地面上建房屋。经历夏、商、周三代，原本简单的木构架，经过改进发展为中国建筑的主要结构方式。春秋时期，中国最早的一部建筑著作《考工记》出现，是对这一时期建筑思想、制度和技术的总结。两汉时，斗拱开始大量使用，木构阁楼建筑增多，砖石建筑发展起来，中国古代建筑作为一个体系基本形成。

魏晋南北朝时期，中国北方开始了近四百年的民族大融合，社会动荡、经济破坏。然而在建筑上却是一个重要的发展阶段，特别是在宗教建筑和艺术上取得了辉煌的成就。隋唐时期是中国古代社会发展的高峰，中国建筑此时走向成熟。一方面表现在开始以"材"作为木构架设计的标准，各构件比例趋于定型，另一方面在建筑规模、装饰等方面形成了严格的等级制度。

经历唐末、五代动乱，中国历史进入北宋与辽，南宋和金、元对立的时期。北宋政权在政治和军事上虽然软弱，但在社会和经济发展层面达到了中国封建社会的一个高峰，有些方面甚至超过了唐代。经济实力的增强、社会财富的积累以及科学技术的进步，推动了整个社会的前进。

在建筑方面反映出来，首先是城市格局的变化，原有的形态已经不能满足手工业的发展，开始临街设店、按行成街，娱乐性建筑及设施也大量出现；其次是建筑规模上的变化，无论是单体还是组群建筑都趋于秀丽而富于变化，这和唐代建筑宏伟刚健的特点有着明显区别；再次是装修和装饰风格的变化，绚丽的琉璃瓦和雕刻图案增加了建筑的艺术性。手工业的发展也促成了建筑材料多样化和建筑技术的精细化；最后是建筑技术趋于成熟，在总结前代技艺的基础上，施工方法和工料估算都有了严格的规定，最终推动了具有划时代意义的巨著《营造法式》的出现。

北宋是中国建筑发展的一个新的历史阶段，元、明、清建筑都是在宋代建筑的基础上发展起来的。

金灭辽和北宋，统治了中国北方大部分地区，与南宋对峙。在建筑方面，由于工匠都是汉人，因此对辽、宋建筑都有继承和发扬。值得一提的是，金代在一些木建筑平面大胆的采用减柱造，出现了长跨两三间的复梁承顶梁架，这种减柱法兴起于五代，但流行于金代，山西五台山佛光寺文殊殿即是典型例子。

元代是蒙古族在中原建立的政权。蒙古政权在统一战争中，对当时的社会经济和秩序造成了严重破坏。政权统一后，在当时复杂的社会条件下，元代建筑仍有很多发展。

首先在城市建设方面，元大都是唐长安以来，又一个规模宏大、规划完整的都城。随着手工业和商业的恢复，中原和沿海的许多城市也繁荣起来。

其次在木构建筑方面，元代建筑继承了宋、金传统，但在规模和质量上都逊于两宋。特别在北方，一般的寺庙建筑其加工比较粗糙，用材比较随意，常用弯曲的的木料作为梁架，许多构件也被简化。殿宇中大胆抽去柱子，取消室内斗拱，斗拱用材减小等，都反映了元初社会经济倒退、材料短缺的时代特征。然而这些变化并非全是消极的，元代建筑及装饰的简化，遏制了宋、金以来逐渐趋于复杂、繁琐的趋势，节约了材料，也进一步增强了建筑的整体性和稳定性。

明、清时期的建筑是中国古代建筑史上的最后一个高峰。首先在城市营建方面，除了南京、北京等都城建设外，随着经济发展，大城市增多，新的城镇不断出现。城镇中的公共建筑、住宅建筑水平不断提高，装饰艺术被普遍使用于民居，各个地区的建筑特色也逐渐区别开来，走向标准化。

其次在材料使用方面，砖开始用于城墙和长城包砌，民居砌墙也开始大量使用。琉璃砖、瓦的质量提高，使用更广泛。在四川、福建等地出现了三、四层楼房的夯土墙，经过一二百年仍然坚固，说明夯土技术进一步提高。

再次，在木结构方面，明代开始形成新的木构架，斗拱结构开始减小，梁柱结构的整体性加强，构件卷杀简化。柱头上的斗拱不再起重要的结构作用，而原被用作斜梁的昂，也成了装饰性构件。斗拱的装饰性作用开始凸显，并走向繁缛。为了简化施工，宋、金建筑中的"升起"、"侧脚"都有所减弱，大胆减柱法也不再使用，梭柱、月梁也被直柱、直梁所取代，形成了特有的时代风格。

最后，在建筑技术方面，"千斤顶"、"刨子"、"手摇卷扬机"等简单机械的使用，提高了劳动生产率。官式建筑在长期经验积累的基础上定型化，清政府颁布了《工部工程做法则例》，统一了官式建筑构件的模数和用材标准，使得工料估算更明晰、施工速度进一步加快，但也束缚了施工人员的创造力。

近代中国是一个半殖民地半封建社会。随着西方思想的侵入，表现在建筑方面是新、旧两个建筑体系的并存的特征。新的建筑体系是与近代化、城市化相联系的建筑体系，是向工业文明转型的建筑体系。而旧的建筑体系是原有传统建筑体系的延续，也是中国传统建筑走向终结的过程。因而在建筑思想上，出现了"折中主义"、"传统复兴"、"现代建筑"三股思潮，使得这一时期的建筑形式和思想错综复杂。

晋祠作为中国古代祠祀园林建筑群的代表，其发展和变化正是中国古代建筑演进的缩影。晋祠草创于周秦，发展于魏晋，辉煌于唐宋，成熟于明清。晋祠现存宋金以降历代建筑百余座，在中国古代建筑史上有着重要的地位，是研究中国古代建筑和山西地方建筑重要的实物资料，具有丰厚的历史和文化内涵。

晋祠的建筑布局独具匠心，以悬瓮山为背景，古典建筑与晋水清泉、古树名木融为一体，人工美和自然美巧妙结合，集中体现了中国传统建筑"天人合一，物我相融"的观念。晋祠坐西朝东，以晋祠大门到圣母殿为中轴线，主要由中线、北线、南线三部分组成。总体布局灵活多变，建筑空间和自然景色相得益彰，给人以开阔疏朗，清新别致的审美感受。

中轴线上的建筑，是晋祠的主体部分，自东向西，有晋祠大门、水镜台、会仙桥、金人台、对越坊、钟楼、鼓楼、献殿、鱼沼飞梁、圣母殿。这部分建筑造型雄伟，布局有序，灵活多变，有极高的历史、艺术、科学价值。圣母殿是整个祠区的核心建筑，在全祠布局中处于独冠中居的地位。它背靠悬瓮山主峰，俯视鱼沼飞梁，大殿上扬的翼角和飞梁下折的两翼相互映衬，一起一伏，一张一弛，突显出大殿的开阔和飞梁的巧妙，构思独特，恰似天成。

北线建筑东起文昌宫，有东岳祠、昊天神祠、钧天乐台、贞观宝翰亭、唐叔虞祠、松水亭、善利泉亭、苗裔堂、朝阳洞、云陶洞、待凤轩、三台阁、读书台和吕祖阁。这组建筑随地形的自然走势而建，殿宇接踵，错综排列，巍峨耸立，以崇楼高阁取胜。其中，文昌宫、昊天神祠、唐叔虞祠三组建筑，院落紧凑、布局严谨、整齐雅致。

南线建筑从胜瀛楼起，有傅山纪念馆、白鹤亭、流碧榭、三圣祠、水母楼、公输子祠、台骀庙、真趣亭、不系舟、难老泉亭、王琼祠、晋溪书院、董寿平美术馆、翰香馆、浮屠院、十方奉圣禅寺等。其中，雄壮古朴的十方奉圣禅寺与高耸入云的舍利生生塔是晋祠的佛教建筑群，独成体系。这部分建筑既有楼台耸峙，又有桥亭点缀，泉流环绕，松风水月，景色宜人。

参考书目

1. ［清］刘大鹏：《晋祠志》，山西人民出版社，2003年。

2. 刘永德：《晋祠风光》，山西人民出版社，1961年。

3. 刘敦桢：《中国古代建筑史》，中国建筑工业出版社，1984年。

4. 潘谷西：《中国建筑史》，中国建筑工业出版社，2009年。

晋祠全景鸟瞰图

目　　录

圣母殿

圣母殿是晋祠建筑群的主体，是奉祀唐叔虞的母亲邑姜的殿堂，也是祠内现存最古老的建筑。它位于祠内中轴线西端，背靠悬瓮山，前临"鱼沼飞梁"桥，南北两侧"难老"、"善利"二泉呼应，坐西朝东，冠于全祠。圣母殿在晋祠三大国宝建筑中价值最高，其价值主要体现在大殿的建筑形制、规格和构造方法，堪称北宋建筑的典范。

圣母殿创建于北宋太平兴国九年（984），事载《嘉靖太原县志》中尚书职方员外郎赵昌言撰《新修晋祠碑铭并序》。北宋崇宁元年（1102），晋阳地震后，重修圣母殿。

圣母殿长31米，宽25米，大殿为重檐歇山顶，总高19米，面宽七间，进深六间，平面近似方形。四周围廊，最为独特之处是前廊深两间，廊下异常宽阔。这样的处理，充分满足了祭祀活动的需要。

大殿"副阶周匝"的做法在中国现存的古代建筑中为最早的实例。梁架采用乳栿对六椽栿用三柱的形式，是中国现存古代建筑中唯一符合宋《营造法式》殿堂式构架形式的孤例。殿内无一根明柱，只是在殿身四周设以廊柱和檐柱承托殿顶屋架，这在建筑学上叫做减柱营造法。

大殿四周26根柱子皆微微内倾，制成"侧角"；平柱至角柱逐渐升高，造成"升起"。这样，既增加了建筑造型的稳固力，又使大殿翼角翘起，显示出曲线之美。这种做法打破了之前建筑轮廓僵直的格调，反映出宋代木构建筑的高超技术。大殿上翘的翼角与殿前鱼沼飞梁下折的两翼相互映衬，一起一伏，一张一弛，勾勒出一幅气韵生动的画面。

圣母殿在两层檐下均施斗拱。上层檐为六铺作单抄双下昂；下层檐为五铺作双下昂，承托着深远翼出的层檐。斗拱与柱高的比例适当。斗拱配置十分疏朗，前檐各间设补间斗拱一攒，山面及后檐除稍间施补间斗拱外，其他全都用赴壁拱。在转角铺作上，各层下昂及出昂均水平伸出，由下面望去，颇呈高爽之势。

殿身拱眼壁画是《营造法式》卷三十三中"五彩遍装"图案。现存二层南山拱眼壁满绘旋纹、卷草、吉祥花卉，是十分珍贵的宋代高等级彩画遗物。斗拱彩画与《营造法式》卷三十四图样中所绘"五彩遍装"相似，是在原有轮廓上经后世重装的，但仍保存了宋时的风韵。大殿顶部四周绿色琉璃剪边，脊饰虽为明代修葺时添配，但鸱吻和脊刹都很华美。

圣母殿前檐廊柱上饰有八条蜿蜒欲动的木雕龙，是中国现存最早的木雕盘龙柱。其中，六条雕龙制于宋元祐二年（1087），两条为宋崇宁元年（1102）增加，八条龙各抱一根大柱，怒目利爪，栩栩如生。圣母殿正面台基两侧还有两条无角的石雕螭首。

圣母殿

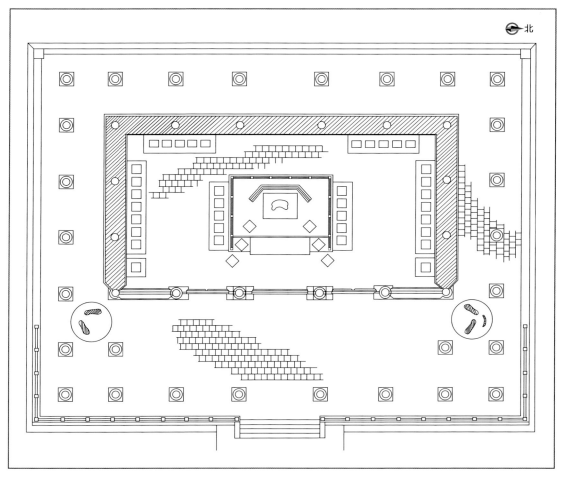

圣母殿平面图

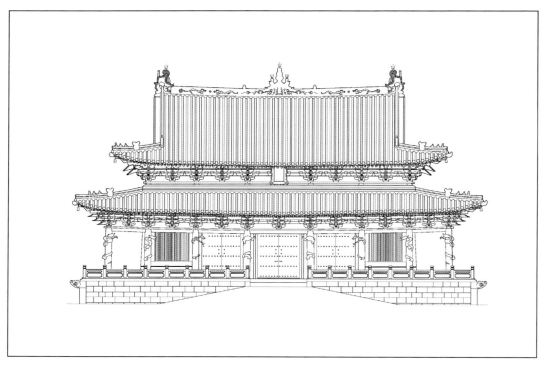

圣母殿正立面图

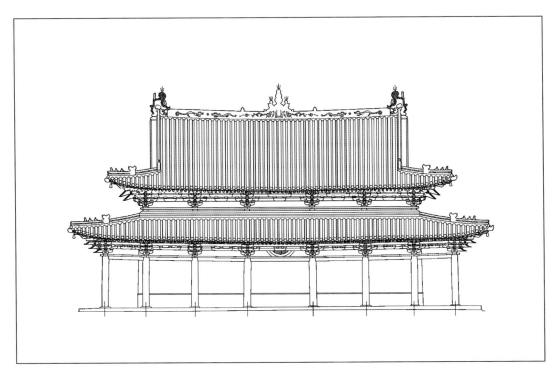

圣母殿背立面图

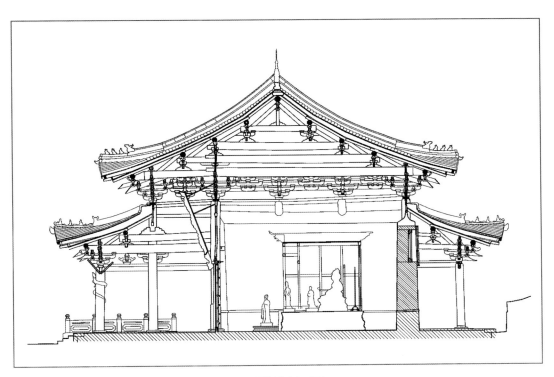

圣母殿横剖面图

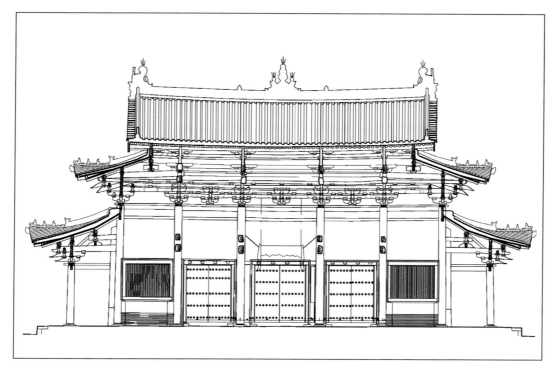

圣母殿正立面剖面图

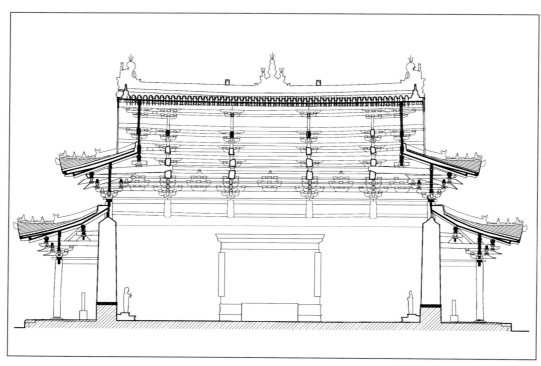

圣母殿背立面剖面图

圣母殿

圣母殿翼角

圣母殿南侧立面

圣母殿一层檐转角铺作

圣母殿二层转角铺作

圣母殿副阶山面梁架

圣母殿副阶尽间补间铺作里转

圣母殿顶层转角铺作里转

圣母殿柱头铺作

圣母殿拱眼彩画

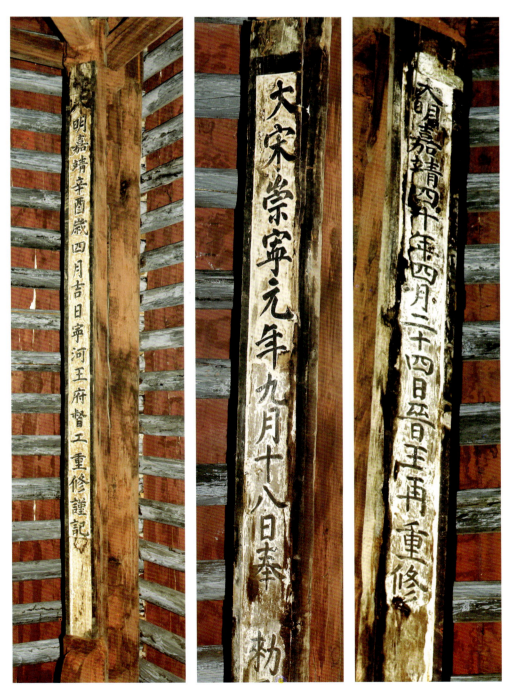

圣母殿题记

圣母殿前檐盘龙柱

圣母殿盘龙

圣母殿盘龙

圣母殿盘龙局部

圣母殿盘龙局部

圣母殿脊刹

圣母殿屋面琉璃脊饰、匾额

·19·

圣母殿鸱吻

圣母殿翼角岔脊

圣母殿岔脊脊饰

圣母殿风铎

圣母殿悬鱼

圣母殿圣母宝座题记

鱼沼飞梁

　　鱼沼飞梁西依圣母殿，东邻献殿，是介于两座殿宇之间的桥梁，位于鱼沼之上。关于鱼沼，古人以圆形为池，方形为沼，且水中多鱼，故名，是晋水三泉之一。沼上十字形桥梁为"飞梁"。古人云："飞梁石磴，陵跨水道"，"架虚为桥，若飞也"，故名。《水经注》记载："沼西际山枕水，有唐叔虞祠，水侧有凉堂，结飞梁于水上。"可见，飞梁应是创建于北魏以前。桥东西长19.6米，宽5米；南北长18.55米，宽4.91米。此桥高出地面1.3米，两侧做成坡桥下斜，与地面相接，形如鸟之两翼。

　　鱼沼中的小八角形石柱和柱础保留了北朝风格，现存桥梁为宋代遗物。根据1953年翻修鱼沼飞梁时发现圣母殿下的水洞与鱼沼西岸唇齿密接的情况判断，鱼沼飞梁是在北宋时与圣母殿同一时期修建，是晋祠三大国宝建筑之一。

　　桥下鱼沼宽18.22米，长15.01米，面积为273.48平方米，沼中立有34根小八角形石柱，柱径40厘米，柱高因位置不同分别为276.5厘米、250厘米、189厘米。柱底为覆盆莲瓣式柱础，础高24厘米。柱的上端有卷刹如殿宇之柱，上有普柏枋相互交结，中心石柱上置大斗和十字形华拱承托梁架，四面桥和沼岸相连。桥上置汉白玉栏杆、望柱。飞梁东西宽阔，为通往圣母殿的要道。南北如鸟翼，整个造型像一只欲飞的大鸟。古往今来，世上的桥梁多为"一"字形，唯有此桥连通沼岸，四面结成"十"字形，可谓独具匠心。我国著名建筑学家梁思成先生评价道："此式石柱桥，在古画中偶见，实物则仅此一孤例，洵为可贵。"

　　鱼沼原为晋祠第二泉，流量很大，游鱼众多，桥边缀以勾栏，游人凭栏赏景，倍增诗情画意。

鱼沼飞梁

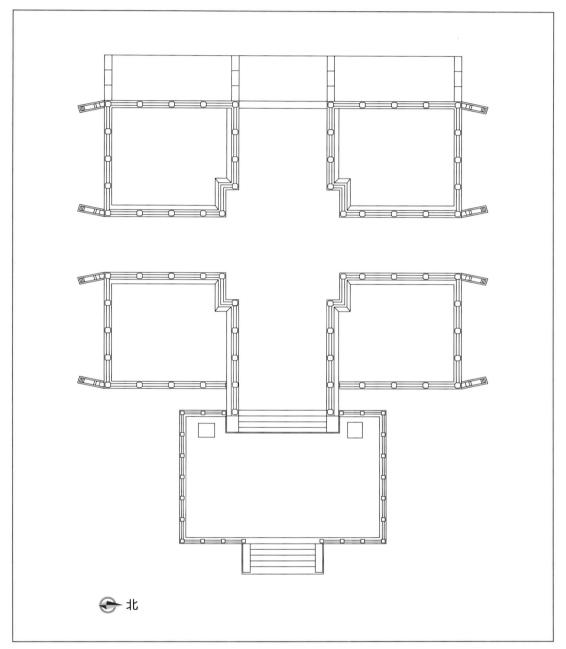

鱼沼飞梁平面图

北

鱼沼飞梁航拍图

鱼沼飞梁

鱼沼飞梁望柱头

鱼沼飞梁南立面

鱼沼飞梁北侧

鱼沼飞梁梁柱

鱼沼飞梁梁柱

鱼沼飞梁铺作

献殿

　　献殿位于对越坊之西，是给圣母邑姜供奉祭品的享堂，始建于金大定八年（1168），明万历二十二年（1594）重修，1955年依原样翻修，是晋祠三大国宝建筑之一。

　　献殿高9.75米，面阔三间，进深三间，前后当心间敞门，四周宽厚的槛墙上安直棂栅栏，单檐歇山顶，出檐深远。殿顶布青瓦，黄绿色琉璃剪边。雕花琉璃脊饰为明代修葺时添置，脊刹盒子内仍可见明万历年间重修题记。献殿的梁架设置，既省料，又坚固，只在四椽栿上放一层平梁，上立驼峰、蜀柱，平梁两端用驼峰架在四椽栿上。梁思成先生在1934年《晋汾古建筑预查纪略》评价道："献殿的梁架，只是简单的四椽栿上放一层干梁，梁身简单轻巧，不弱不费，故能经久不坏。"

　　斗拱结构疏朗，单拱五铺作。柱头铺作双下昂，补间铺作单抄单下昂。第一跳偷心，饰以异形斗拱。正面每间用补间铺作一朵，山面唯正中间用补间铺作。柱头铺作的双下昂完全平置，后尾承托梁下，昂嘴与地面平行，如圣母殿的昂。补间铺作则下昂后尾挑起，耍头与令拱相交，长长伸出成昂嘴形。献殿与圣母殿斗拱外面不同之点只在令拱上：圣母殿用通长的挑檐枋，而献殿则用替木，还保留了较早的形制。斗拱后尾唯下昂挑起，全部偷心，第二跳头安梭形拱，单独的昂尾挑在平铺之下，栏额普柏枋与圣母殿完全相同。

　　献殿当心间前后辟门，四周设低矮槛墙，门扇为直棂栅栏门，其余各间在敦厚的槛墙上安直棂栅栏，为《营造法式》卷八小木作制度中的实例。献殿造型，体量确为殿堂，但外观又好似一座凉亭，玲珑而稳定。

献殿

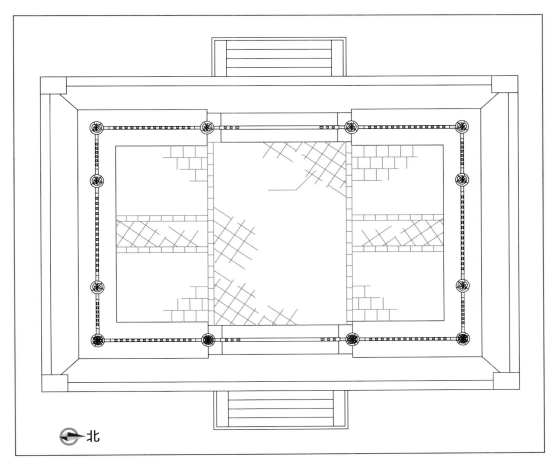

北

献殿平面图

献殿西南角

献殿南立面

献殿匾额

献殿当心间补间铺作

献殿柱头铺作

献殿当心间南缝梁架结构

献殿梁、栿节点

献殿脊槫下题记　　　　　　　　　　　　　　献殿脊槫下题记

献殿西南屋面脊饰

献殿山花脊饰

献殿脊刹

献殿鸱吻

献殿鸱吻

献殿鸱吻

献殿正脊

献殿正脊局部

献殿正脊局部

献殿正脊局部

献殿正脊局部

献殿正脊局部

献殿正脊局部

唐叔虞祠

唐叔虞祠，坐北向南，西倚静怡园，东临昊天神祠，祠前有八角莲池，与钟、鼓楼遥相呼应，为祭祀周初晋国开国诸侯、武王之子、成王胞弟叔虞而建。

唐叔虞祠在《水经注》《魏书》《史记·晋世家》等史籍中都有记载。现存的建筑不在古籍所记载的位置，原建筑毁于何时，无从可考。唐叔虞祠是一座独立的两进院落，高大宏伟，长60.85米，宽20.1米，占地面积1223.09平方米，建筑面积813.85平方米。祠门外台阶高耸，祠门悬挂贴金篆书"唐叔祠"匾。院中设过殿，单檐卷棚顶，面宽三间，进深三间，陈列一组元代乐伎塑像。

现存唐叔虞祠大殿为元至元四年（1267）创建，清乾隆三十六年（1771）重修，虽经明、清屡次重修，但从结构和材料看，仍保留了元代风格。大殿单檐歇山顶，前部抱厦，正面望去，大有重檐殿宇之势。殿身面宽五间，进深三间，高12.4米。斗拱疏朗，前檐每间设补间铺作一朵，并且明、次、稍间补间铺作昂形各不相同。山面与后檐只设柱头铺作，简洁古朴。殿内减去后槽明间金柱两条，扩大了人们观赏祭祀的空间。平梁以上后人稍作修改，基本保留了元代手法。

唐叔虞祠大殿神龛内塑有唐叔虞像，端坐正中，身穿蟒袍，手执玉圭，神采奕奕，相貌堂堂，虽为明、清后世重装，仍保留了元代塑像的特征。其神龛前两柱上各盘绕泥塑蟠龙一条，活灵活现，张牙舞爪，形态生动，粗壮有力，气势凶猛，有腾云驾雾之势。在明清时期等级制度特别严格，只有皇宫里才能见到五爪龙，民间禁用，所以唐叔虞祠的这对龙为四爪金龙。神龛内左右各有一侍童，神台下文臣武将相对而立。

大殿前廊下东西两侧各立大碑一通：东为元至元四年（1267）《重修汾东王庙记》碑，西为康熙二十五年（1686）《重修唐叔虞祠记》碑。大殿廊柱上对联："悬瓮庆灵长锡兹难老；分圭遗厚泽惠我无疆。"

前院碑廊四绕，古木参天，优雅清静。两廊内嵌有石碣40余块，为宋、金、元、明、清历代名人学者题咏，是有关晋祠历史、建筑、风光的珍贵史料。这些石碑无论真、草、隶、行，均为书法艺术的佳作。

唐叔虞祠

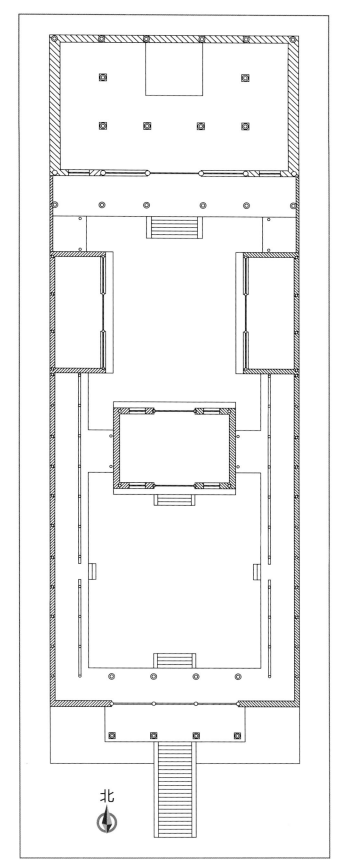

北

唐叔虞祠平面图

唐叔虞祠匾额

唐叔虞祠山门背立面

唐叔虞祠山门柱、额构造

唐叔虞祠山门前檐山面梁架

唐叔虞祠山门走马板明间后视

唐叔虞祠山门走马板彩画前视图

唐叔虞祠山门走马板彩画后视图

唐叔虞祠山门走马板彩画后视图

唐叔虞祠山门走马板彩画后视图

唐叔虞祠山门抱鼓石

唐叔虞祠碑廊立面

唐叔虞祠碑廊梁架

唐叔虞祠碑廊檐、檩、额、枋彩画

唐叔虞祠碑廊阑额、平板枋彩画局部

唐叔虞祠过殿正立面

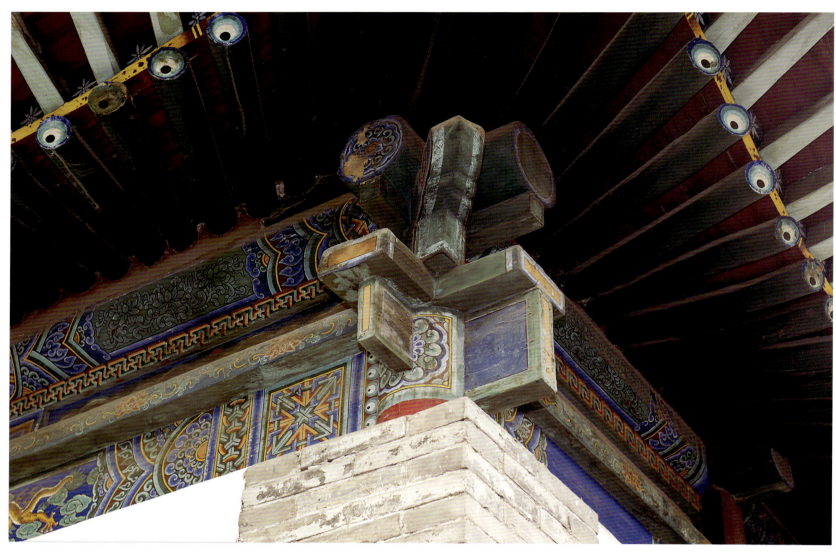

唐叔虞祠过殿角柱头构造

唐叔虞祠过殿额、檩、枋彩画

唐叔虞祠过殿四架梁彩画

唐叔虞祠大殿正立面

唐叔虞祠大殿斗拱雀替

唐叔虞祠大殿阑额、雀替彩画

唐叔虞祠大殿单步梁头构造

唐叔虞祠大殿神龛

唐叔虞祠大殿梁架

唐叔虞祠大殿角梁

唐叔虞祠大殿梁架

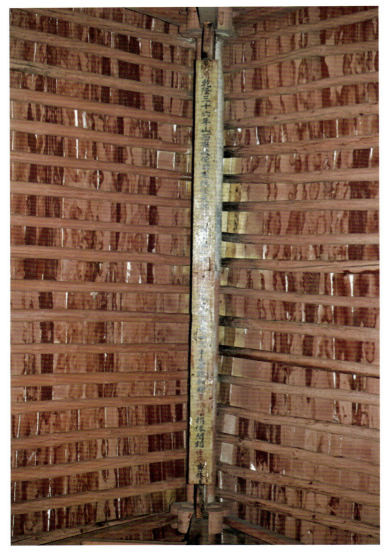

唐叔虞祠大殿梁架乾隆题记

唐叔虞祠大殿神龛平棊

唐叔虞祠大殿神龛东侧彩画

唐叔虞祠大殿鸱吻

唐叔虞祠大殿垂兽

唐叔虞祠大殿戗兽

唐叔虞祠大殿套兽

唐叔虞祠大殿西北翼角

唐叔虞祠东厢房正立面

唐叔虞祠东厢房檐部

唐叔虞祠西厢房檐下彩画

唐叔虞祠西厢房垂脊排山垂兽

奉圣寺

奉圣寺，又名十方奉圣禅寺，一名释迦庵，位于祠区南部。据元皇庆二年（1313）王居实所撰《重修奉圣寺记》碑载：此处原为唐朝鄂国公尉迟敬德的别墅，唐武德五年（622）奉敕创建为寺，唐高祖李渊赐额"十方奉圣禅寺"。金贞佑年间（1213～1217）蒙古军南侵，除正殿、中殿、法堂和宝塔外，其余建筑都毁于兵火。元皇庆二年（1313）释洪智重建，大加修缮，才恢复了原状。

原奉圣寺规模宏大，寺内中轴线上建有山门、前殿、中殿、后殿，还有钟、鼓楼和藏经楼，组成一座三进院落，后因历史原因损毁。现奉圣寺重建于上世纪七十年代末，坐西向东，东西长126米，南北宽33米，占地面积4158平方米，主要由山门、过殿和大雄宝殿组成。

山门由景清门迁建于此。景清门为晋祠原大门，创建于元代，单檐歇山顶，高10.5米。面阔五间，进深四椽，总体仍保持元代风格。山门明、次间宽敞，稍间及两山筑以墙壁。殿顶琉璃为明代烧制，精美绝伦。

过殿由汾阳二郎庙迁来。二郎庙创建于元至元十七年（1280），脊下有题记为证。悬山顶，面宽三间，进深四椽，高9.2米。前檐出廊，廊柱粗壮，柱头卷刹明显。前廊柱头斗拱四铺作，当心间补间用45度斜拱一攒，次间外檐的补间与柱头铺作相同。殿内彻上露明造，平梁和三椽栿均为稍加砍削即用的草栿作法，木材引用天然弯曲原木作主要的构架，当为典型的元代山西地方手法。

大雄宝殿，由太原东山马庄芳林寺迁来。据《阳曲县志》清咸丰六年（1956）《重修芳林寺碑记》载，此殿创建于宋熙宁二年（1069），明代重修，清代屡有修葺。现大殿位于宽阔的高台上，单檐歇山顶，面宽五间，进深八椽，殿高13.50米，颇为壮观。梁架为六椽栿对后乳栿，通檐用三柱，殿内后槽用内柱一列，山面两缝梁采用穿斗式结构。斗拱五铺作，重拱计心造。补间斗拱每间用一攒。斗拱用材较大，简洁舒朗，承挑着两米的出檐。大雄宝殿内塑有释迦牟尼、普贤、文殊菩萨等佛像九尊。殿内两山及后檐墙饰壁画，为释迦牟尼一生佛教传奇故事三十六幅，后檐墙为西方三圣释迦牟尼、阿弥陀佛及药师佛。南北新建地藏殿和观音殿，内塑彩塑。

前院南北两廊内耸立着唐译八十卷《大方广佛华严经》经幢，具有极高的历史、科学和书法艺术价值。唐圣历二年（699），高僧什刹难陀到长安翻译佛经，译成《华严经》八十卷。武则天亲自为之作序，当朝著名诗人宋之问协助经办，吕仙乔等多位书法家以隶书、小楷刻于石幢，北汉天会年间又补刻。抗日战争时期，日本人企图盗走这批珍贵文物，当地群众奋力保护，将其置于离晋祠八里多的风峪石洞，故幸免被盗，重建奉圣寺时移于此。

奉圣寺

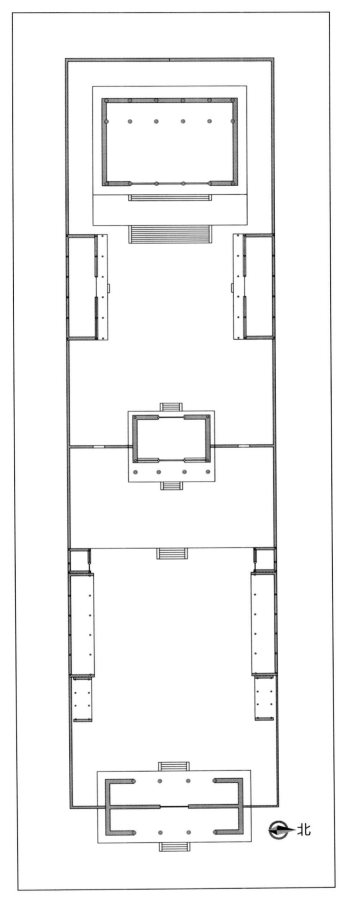

奉圣寺平面图

奉圣寺山门侧立面

奉圣寺山门檐下铺作

奉圣寺山门铺作里转

奉圣寺山门前檐转角铺作

奉圣寺山门梁架结构

奉圣寺山门琉璃脊饰

奉圣寺山门鸱吻

奉圣寺山门琉璃排山鸱吻

奉圣寺山门垂兽

奉圣寺山门套兽、风铎

奉圣寺山门正脊脊饰

奉圣寺山门正脊脊饰

奉圣寺山门正脊脊饰

奉圣寺山门脊刹

奉圣寺山门脊刹局部

奉圣寺山门脊刹局部

奉圣寺过殿正立面

奉圣寺过殿后檐屋面脊饰

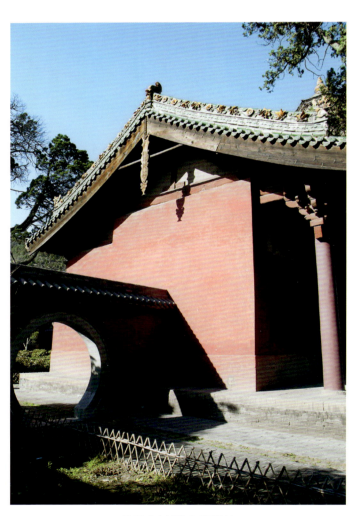

奉圣寺过殿山花脊饰

奉圣寺过殿前檐铺作

奉圣寺过殿梁架结构

奉圣寺过殿悬鱼

奉圣寺过殿鸱吻、脊兽

奉圣寺大雄宝殿正立面

奉圣寺大雄宝殿外檐铺作

奉圣寺大雄宝殿转角铺作

奉圣寺大雄宝殿梁架横断面

奉圣寺大雄宝殿戗兽

奉圣寺大雄宝殿垂兽

奉圣寺大雄宝殿套兽、风铎

奉圣寺大雄宝殿脊刹

奉圣寺大雄宝殿戗脊脊饰

奉圣寺大雄宝殿鸱吻

奉圣寺大雄宝殿鸱吻

奉圣寺观音殿明间檐下

奉圣寺观音殿梁、柱节点

奉圣寺观音殿垂兽　　　　　　　　　　　奉圣寺观音殿梁头节点

奉圣寺观音殿前廊彩画

奉圣寺观音殿走马板彩画局部

奉圣寺观音殿走马板彩画局部

奉圣寺观音殿走马板彩画局部

奉圣寺地藏殿

奉圣寺地藏殿墀头

奉圣寺地藏殿檐下结构

奉圣寺地藏殿梁头彩画

奉圣寺地藏殿檐柱梁架节点

奉圣寺地藏殿走马板彩画局部

奉圣寺地藏殿走马板彩画局部

奉圣寺地藏殿走马板彩画局部

奉圣寺南碑廊正立面

奉圣寺南碑廊华严经经幢

奉圣寺北碑廊立面

奉圣寺北碑廊东耳房

奉圣寺北碑廊内景

苗裔堂

　　苗裔堂，俗称奶奶庙，或称子孙殿。坐西面东，北倚七十二台，南邻圣母殿，悬山顶，前檐出廊，面宽三间，进深三间，占地132平方米。殿前古柏横卧半空，倍觉气象雄浑。

　　苗裔堂创建年代不详，元致和元年（1328）重建，明正德六年（1511）重修。1960年、2010年两次重修。大殿神龛内彩塑"送子娘娘"七尊，皆妇人装束，左右列十尊送子神像，为明代所塑。门柱上挂楹联一副："圣泽流芳椒衍瓜绵时锡瑞；神灵毓秀凤毛麟角永呈祥。"以喻繁衍多子，子孙兴旺。

苗裔堂

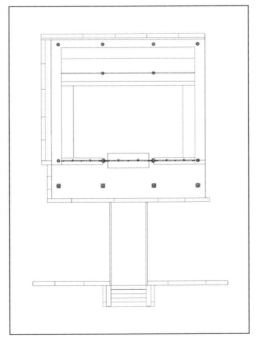

苗裔堂平面图

苗裔堂屋面

苗裔堂四椽栿、檐、柱节点

苗裔堂神龛垂莲柱彩画

苗裔堂走马板彩画

苗裔堂当心间走马板彩画及匾额

苗裔堂走马板彩画

苗裔堂走马板彩画

苗裔堂走马板彩画

苗裔堂走马板彩画

苗裔堂走马板彩画

苗裔堂走马板彩画

苗裔堂走马板彩画

苗裔堂走马板彩画

苗裔堂走马板彩画

白鹤亭

　　白鹤亭，明嘉靖年间由太原知县龚仲敏创建，清乾隆四十三年（1778）、清道光二年（1822）两次重修，位于傅山纪念馆之北，会仙桥与双桥之间。据《晋祠志》记载"跨北河上，一名水亭，一名小兰亭，南向，左右辅以耳亭"，是一组造型十分别致的建筑。正亭原坐北向南，现朝南跨北岸。面阔三间，进深两间，卷棚歇山顶建筑。南北檐下均挂有"流碧榭"匾额；两侧小亭面阔三间，悬山顶，位于南岸。站在亭中，凭栏俯视，波光水色，掩映其中，徘徊眺望，令人心旷神怡。

白鹤亭

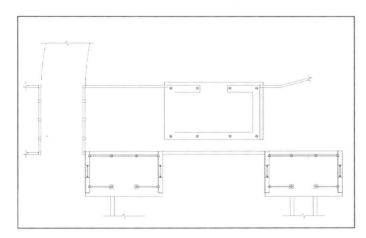

白鹤亭平面图

白鹤亭全景

白鹤亭侧面

白鹤亭

白鹤亭匾额

白鹤亭阑、昔出头

白鹤亭檩、枋、额节点

白鹤亭勾头滴水

白鹤亭东耳亭前檐次间彩画

白鹤亭东耳亭西次间彩画

白鹤亭西耳亭东次间内檐彩画

白鹤亭西耳亭东次间内檐彩画局部

白鹤亭西耳亭墀头

白鹤亭东耳亭西山山际壁画

白鹤亭西耳亭东山山际壁画

白鹤亭西耳亭东山山际壁画局部

白鹤亭西耳亭东山山际壁画局部

白鹤亭东耳亭内景

台骀庙

　　台骀庙，位于圣母殿南侧，坐西向东，面宽三间，进深四椽。该建筑长10.8米，宽9.37米，檐高3.98米，建筑面积101.23平方米，占地面积191.9平方米，悬山顶，素瓦，雕花绿琉璃脊。始建于明嘉靖十二年（1533），由晋祠镇东庄人高汝行出资建造。清雍正、乾隆、嘉庆、道光年间，经高氏子孙屡次重修。殿内中间供奉台骀神像，左面为土地神像，右面为五道神像。

　　据《左传》所载，上古金天氏有一个儿子叫昧，曾担任"元冥师"（治水官）。昧生了两个儿子，一个叫允格，一个叫台骀。台骀继承父业，很善治水。当颛顼执政时，命台骀担任了水官。台骀在治理汾、洮二水时成绩卓著，保障了太原一带人民的生活。后人思其"宣汾洮，障大泽，以处太原"之功，便尊其为汾神，并建庙奉祀。殿内南、北、西三壁均满绘壁画。其南壁与西壁绘神像，北壁绘猎图。整体构图匀称，笔墨技法娴熟。

台骀庙

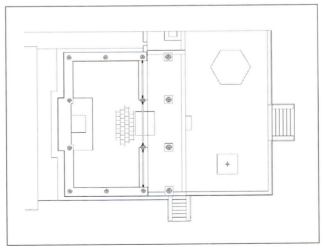

台骀庙平面图

台骀庙大殿正立面

台骀庙大殿前廊柱头雀替

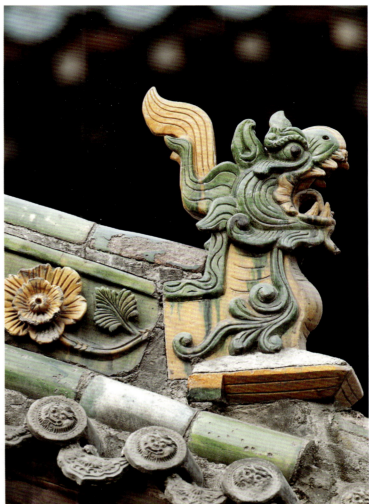

台骀庙大殿望兽

台骀庙大殿垂兽

台骀庙大殿正脊局部

台骀庙大殿北山山际壁画

台骀庙大殿北山山际壁画

台骀庙大殿北山山际壁画

台骀庙大殿南山山际壁画局部

台骀庙大殿南山山际壁画局部

台骀庙大殿南山山际壁画局部

台骀庙大殿南山山际壁画局部

王琼祠

　　王琼祠，位于晋溪书院西侧，坐西朝东，明嘉靖十二年（1533）创建。据《晋祠志》记载："王恭襄公祠，明世宗嘉靖末创建，初名晋水贤祠，后改之。"面阔三间，进深两间，檐高5.16米，面积88.92平方米，悬山顶。檐额悬挂"山高水长"匾额，殿内神龛供奉王琼塑像，两侧各塑有三尊武士像。

　　王琼祠左右各植银杏一株，左雌右雄，距今已有四百余年历史。祠前南河流过，河上架桥，是为"仰止"。

王琼祠

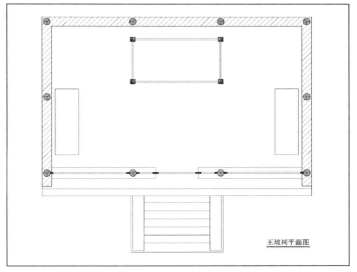

王琼祠平面图

王琼祠正立面

王琼祠鸱吻

王琼祠墀头

王琼祠北山山际水墨壁画

王琼祠南山山际水墨壁画局部

王琼祠南山山际水墨壁画局部

王琼祠南山山际水墨壁画局部

王琼祠水榭全景

王琼祠仰止桥全景

读书台

　　读书台，位于半山腰，南连吕祖阁，北接三台阁，为明嘉靖二十七年（1548）邑人高汝行所建，清乾隆五十年（1785）重修。建筑长9.15米，宽6.22米，檐高3.08米，面积56.91平方米，坐西朝东，面阔3间，卷棚硬山顶，前廊深1.3米，檐下悬画卷式"读书台"匾额，为太原知县吴重光题写。

　　读书台最早建于悬瓮山欢喜岭上，东望山川田畴一片秀色，西边层峦叠翠，耸入云霄。相传是北齐名臣杨愔读书处，现仅存遗址。杨愔，字遵彦，祖籍陕西华阴，其父杨津，做过北魏的北州刺史，杨愔幼年随父来过晋阳，曾在这里读书学习。《北齐书》载："杨愔随父之并州，性既能活泼，又好山水，遂入晋阳西悬瓮山读书。"后辅助高欢成就霸业，其文武双全，为北齐名相，对晋祠有"日落应归去，鱼鸟见留连"的感情。

读书台

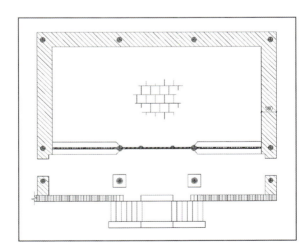

读书台平面图

读书台北便门

读书台前廊"含晖"门

难老泉亭

　　难老泉，"晋祠三绝"之一，是晋水的主要源头。泉水出自地平线下约5米的断层岩，水温恒温17℃左右，即使是在隆冬之季，水中特有的生长草仍然碧绿如茵。历代文人墨客为难老泉留下了许多美丽的诗作，唐代大诗人李白曾赋诗："时时出向城西曲，晋祠流水如碧玉。浮舟弄水萧鼓鸣，微波龙麟莎草绿。"

　　难老泉亭建于泉眼上，位于水母楼东。北齐天保年间(550~559)创建，明嘉靖年间(1522~1566)重建，亭长4.2米，宽4.8米，为八角攒尖顶，高9米，面积85.17平方米。斗拱昂嘴的做法，突显明代特点，而间架依然保留着北齐风格。亭内泉眼深约10米，砂石砌筑。泉口围以木栏杆，游人可凭栏观赏晶莹透明的泉水。

　　亭内匾额很多，有傅山所书"难老"，有刘汇写的"晋阳第一泉"，有清代宁鹏年为泉亭作"昼夜不舍，天地同流"的楹联。其中傅山所写的"难老"立匾，笔力遒劲，引人注目，与"对越"、"水镜台"二匾合称晋祠三大名匾。

难老泉亭

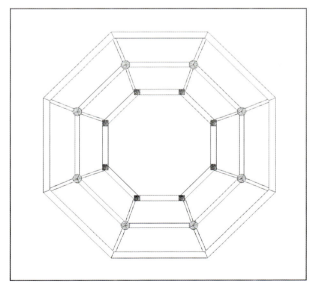

难老泉亭平面图

难老泉亭梁架结构

难老泉亭檐部构造

难老泉亭平身科、角科斗拱

难老泉亭出水口

善利泉亭

　　善利泉，晋水的源泉之一，俗称北海眼，位于唐叔虞祠西南面。泉水从山底断层岩中涌出，水温常年保持在17℃左右。泉流如玉，晶莹透明，清澈见底，游鱼细石，直视无碍。善利泉亭建于泉上，北齐天保中(550～559)创建，明正德初颓废，明嘉靖年间(1522～1566)重建。长3.7米，宽4.8米，檐高3.7米，面积66平方米，八角攒尖顶，现在的斗拱昂嘴为明代手法。善利泉亭与难老泉亭南北对峙，为圣母殿的左右翼。亭内"善利"一匾出自老子《道德经》："上善若水，水善利万物而不争。"

善利泉亭

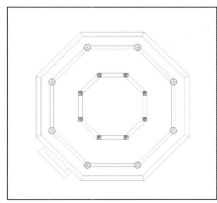

善利泉亭平面图

善利泉亭梁架结构

善利泉亭平身科斗拱及角科斗拱

善利泉亭角科斗拱

善利泉亭角科斗拱里跳

善利泉亭屋面

善利泉亭套兽

善利泉亭垂兽

善利泉亭宝顶

水母楼

　　水母楼，又称梳妆楼、水晶宫，创建于明嘉靖四十二年(1563)，清道光二十四年(1844)重修。楼内供奉"晋源水神"，当地人称"水母娘娘"。

　　水母楼位于圣母殿南，长15米，宽11.7米，建筑面积289.25平方米，占地面积235.81平方米，坐西向东，楼高14.5米，楼分上下两层，四周围廊。下层为劵砌石洞三间，一明两暗，明间稍宽，两次间各砌石磴以供上下楼之用。在中间石洞内，供有铜铸水母像，端坐于瓮形座位上，束发未竟，神态自若。

　　二层单檐歇山顶，面阔五间，进深四间。正面的明间开辟隔扇门，两次间下砌槛墙，上辟直棂窗。两山及后檐砌筑砖墙。四周用木质栏杆围绕，凭栏俯视，晋水如镜。楼内神龛供奉水母坐像，两旁分别塑有4尊风格别致的鱼美人侍女像。二层南北两壁绘有水母朝觐观音和巡察民间水情的壁画，壁画采用通景式构图，场面开阔，水母及仙班神情自若、仪表大方，栩栩如生。二层的东檐下，挂横匾"悬山响玉"，为清乾隆年间晋祠里人杨二酉得意之作。

水母楼

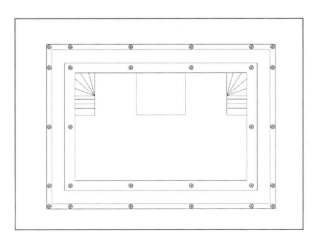

水母楼二层平面图

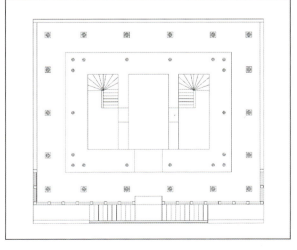

水母楼一层平面图

水母楼一、二层翼角

水母楼正脊

水母楼二层南山山际彩画

水母楼二层山际梁架

水母楼二层平身科里跳

水母楼勾栏石雕局部

水母楼勾栏石雕局部

水母楼一层勾栏局部

水母楼一层勾栏局部

水母楼一层勾栏局部

水母楼一层勾栏局部

水母楼一层勾栏局部

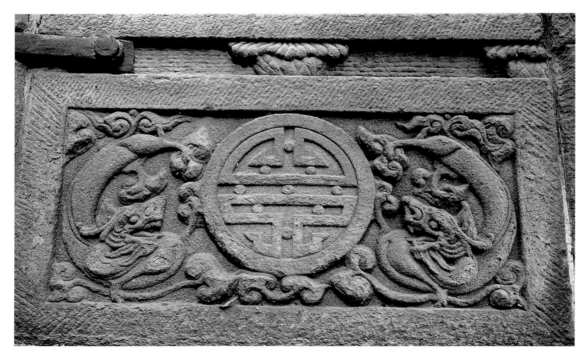

水母楼一层勾栏局部

对越坊

　　对越坊，位于晋祠中轴线上，东邻金人台，西邻献殿，创建于明万历四年（1576）。

　　牌坊长12.5米，宽9.3米，檐高6.55米，占地面积115.8平方米，为四柱三楼，单檐歇山顶。檐下斗拱密致，纵横交叉，整个造型玲珑剔透，华丽典雅。瓦顶全部用琉璃覆盖，牌坊左右蹲坐铁狮一对，气势雄壮不俗。

　　牌坊上原彩绘有邑姜氏为虞命名、周成王剪桐封弟、智伯水灌晋阳、豫让石桥刺赵等有关晋祠历史的故事，后因年久湮灭，重新彩绘为八仙、杨戬、哪吒等人物。

对越坊

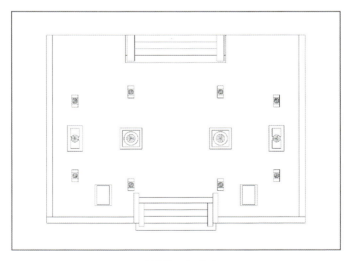

对越坊平面图

对越坊北立面

对越坊明、次楼斗拱

对越坊明楼角科斗拱

对越坊明、次楼套兽、风铎

对越坊山面脊饰

对越坊次楼角科斗拱

对越坊次楼夹杆石

金人台

　　金人台，俗称古莲花台，长8.5米、宽8.5米、高0.93米，面积72.25平方米，创建年代不详，现存建筑为民国六年(1917)重修。台为方形，四面围砖低栏，东西辟台阶，游人可通行。中央设琉璃阁一座，高4米，明代烧制。台四角立有宋铸铁人三尊，民国铸铁人一尊，俗称"铁太尉"，用以镇水护祠。四尊铁人身穿铠甲，手持武器(已失)，威武雄健，表现了古代武士的英武气魄。因铁为五金之属，所以称之为金人台。

金人台

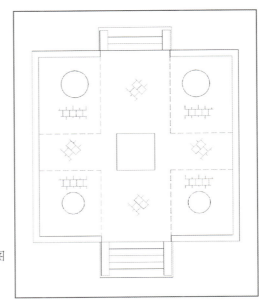

金人台平面图

金人台琉璃阁东立面

金人台琉璃阁翼角

金人台琉璃雀替局部

金人台"古莲花台"匾额"莲"石碣

金人台"古莲花台"匾额"花"石碣

钟鼓楼

　　钟、鼓二楼，位于对越坊南北两侧，明万历三十年(1602)创建，清道光二十四年(1844)重修。长5.75米，宽5.75米，檐高5.6米，面积33平方米，两楼形制相同，分别坐于3米高的石台基上。西面设台阶，台基上有12根廊柱，柱间置木栅栏，楼顶为重檐十字歇山顶，顶饰琉璃瓦，恰似牌坊的两翼。

　　钟、鼓为古代报时的工具，有"晨钟暮鼓"之说。钟楼内悬挂大钟一口，名为"九九钟"。鼓楼内摆放大鼓一面，鼓身近2米，鼓面直径1米有余，祭祀时用。

钟楼正立面

鼓楼正立面

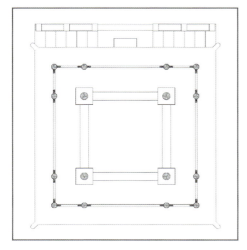

钟楼平面图

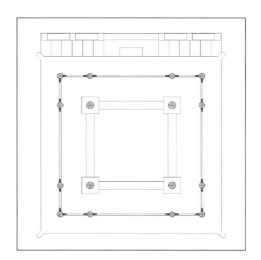

鼓楼平面图

鼓楼角科斗拱

钟楼正脊、垂脊脊饰

钟楼鸱吻

钟楼鸱吻

钟楼鸱吻

钟楼鸱吻

钟楼东南角石

钟楼西北角石

水镜台

　　水镜台建于明代，清道光二十四年(1844)重修。水镜台长17.9米，宽17.4米，面积310.6平方米，是当年酬谢主神圣母邑姜演戏的舞台，后来逐渐演变为祭谢晋祠诸神的戏台。

　　水镜台是由重檐歇山、卷棚歇山两个建筑组合而成。殿楼位于东侧，重檐歇山顶，建于明代；清代又增建了逆耳棚歇山顶戏台，这种建筑在国内极为罕见。

　　水镜台融殿、台、楼、阁为一体，造型灵巧，雕刻精细，彩绘艳丽。东部上为重檐歇山顶，像一座楼；下部为宽阔的宫殿，两檐之间悬挂着"三晋名泉"巨匾。拾阶而上，三面有明朗舒畅的走道环廊。西部上为单檐卷棚顶，好像楼阁；而下面又是宽敞的戏台。

　　每年的农历六月十五晋祠难老河会、七月初二晋祠庙会期间，都有在水镜台演戏敬神的习俗。

水镜台

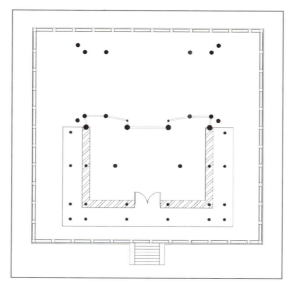

水镜台平面图

水镜台后台

水镜台前台

水镜台台口立面

水镜台后檐角科斗拱

水镜台前台明间南雀替

水镜台垂莲柱木雕

水镜台后台明间

水镜台山面立柱

水镜台后台东南翼角瓦作构造

水镜台前后台节点、枋斗拱彩画及檐部构造

水镜台后台东稍间角科、平身科彩画

水镜台踏跺侧立面

水镜台靠山兽

水镜台靠山兽

胜瀛楼

　　胜瀛楼，创建年代不详，位于水镜台西南侧，北邻智伯渠，南邻傅山纪念馆，西与水母楼遥对，长19.3米，宽11.2米，占地面积216.2平方米，楼高17米。一层四周围廊，明间前后辟门，可以穿楼而过，楼内设木梯可以登临。二层单檐歇山顶，面阔三间，进深两间，四面无窗，登高远眺，绿野田畴，炊烟袅袅，使人心旷神怡，驰骋遐想。二层东面悬挂"胜瀛"匾额，西面悬挂"栖云"匾额。"胜瀛四照"为晋祠内八景之一。

胜赢楼

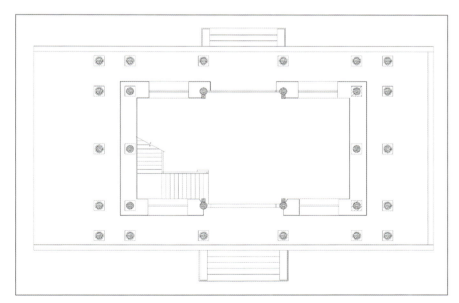

胜赢楼平面图

胜嬴楼全景

胜赢楼二层檐翼角

胜赢楼明间梁架

胜嬴楼二层题记

胜嬴楼檩、枋彩画

一层前檐走马板彩画

一层前檐走马板彩画

一层前檐走马板彩画

一层前檐走马板彩画

胜赢楼上层前檐檩心彩画

胜赢楼上层前檐檩心彩画

胜赢楼上层前檐檩心彩画

一层后檐走马板彩画

一层后檐走马板彩画

一层后檐走马板彩画

一层后檐走马板彩画

胜赢楼前南坐狮　　　　　　　　　　　胜赢楼前北坐狮

云陶洞

　　云陶洞初名"朝阳别一洞"，位于朝阳洞北侧，相传是古代百姓躲避兵乱的地方，为天然石洞，清乾隆时期名"茶烟洞"，洞内筑有卧榻，北面有一浅洞。洞门处有傅山所书楹联："日上山红，赤县灵金三剑动；月来水白，真人心印一珠明。"

　　明末清初，傅山曾在此隐居，作《宿云陶洞诗》："雾柳霾花老眼憎，云陶隐睡拔鸡鸣。晋祠三日无吟兴，只忆观澜智勇生。"并书"云陶"二字，悬于洞门额上。后常有道士在此煮茶待客，茶烟云霞徐徐生起，成为晋祠内八景之一"石洞茶烟"。刘大鹏先生《石洞茶烟》诗中有"岩腰古洞吐红霞，有客登临快品茶"之句，即是描写此处胜景。

云陶洞

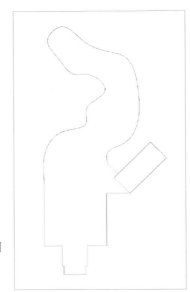

云陶洞平面图

云陶洞洞口

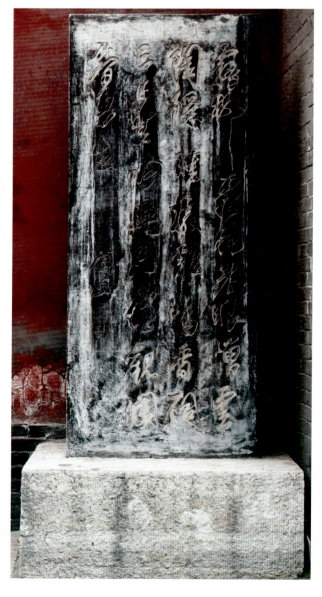

云陶洞外石碑

老君洞

　　老君洞位于朝阳洞南侧，负山面东，倚山凿洞三间。长14米，宽3.4米，檐高4.75米，面积47.6平方米，开凿年代不详。1980年，曾对道龛、洞顶进行过支撑修缮。

　　洞为一明两暗，洞中龛内塑三清像，全属金装。龛前左右原塑武侍像各一，惜已损毁。明间门楣悬挂清同治元年(1862)横匾一块，上书"云鹤仙仪"四字，字体工整清秀。明间门洞上方镶嵌砖刻篆书"存无"二字，系傅山所书，笔力遒劲古拙，堪称佳品。洞内冬暖夏凉，迥异他洞，避寒消夏都很适宜。洞前院内有一古皂角树，环境优雅。

老君洞

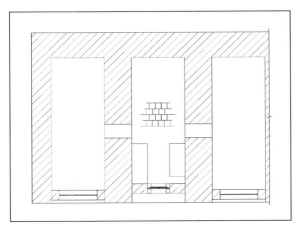

老君洞平面图

老君洞全景

老君洞明间内景

老君洞次间内景

吕祖阁

　　吕祖阁位于朝阳洞顶，长6.9米，宽6.2米，檐高3.5米，面积42.9平方米，始建年代不详。据记载，清康熙三十八年(1699)以前就有吕祖阁。建筑坐西朝东，悬山顶，面阔三间，左右配有耳亭，前廊进深1.2米。阁内原塑吕洞宾身背宝剑坐像。阁南有王继贤题石刻"仙阁"二字，率真俗脱，飘逸潇洒。每当夏秋云雾缭绕，微微轻烟穿阁而过，忽隐忽现，仿佛置身仙境。"仙阁云梯"是晋祠内八景之一。

吕祖阁

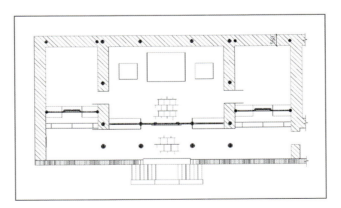

吕祖阁平面图

吕祖阁明间雀替

吕祖阁南耳房正立面

待凤轩

待凤轩位于开源洞（财神洞）北，坐北向南，面阔三间，进深六间，长10米，宽8.3米，檐高4.5米，面积83平方米，硬山顶，梁柱结构简洁，前檐出廊。清康熙五十七年（1718）创建，清乾隆二十一年（1756）重修。邑人杨二酉题"待凤轩"横匾一面，并题楹联一幅"桐叶自当年剪得，凤凰于何日飞来"，笔力遒劲洒脱，似龙飞凤舞。唐人牛丛有诗曰"洞名独占朝阳号，应有梧桐待凤栖"，待凤轩命名可能就是取其意。

清光绪二十六年（1900），八国联军入侵北京，相传慈禧太后和光绪皇帝逃往西安时路过太原，山西巡抚毓贤在晋祠内修缮待凤轩，备做"驻跸行宫"。

1982年，重建待凤轩，并向西扩一米多，加以油饰彩绘，遂成现在格局。

待凤轩

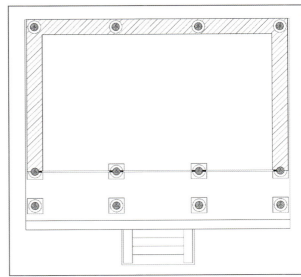

待凤轩平面图

待凤轩垂脊

待凤轩匾额

待凤轩檐口

公输子祠

　　公输子祠，是供奉鲁班的祠宇。位于台骀庙和水母楼之间，祠基高耸，沿石阶上二十余级可达祠院。居高临下，景致幽雅。公输子，复姓公输，名般，春秋时鲁国人，也称鲁班，被尊奉为土木工匠的祖师。"子"是古代对人的尊称。孟子说："离娄之明，公输子之巧，不以规矩不能成方圆。"

　　祠堂坐西向东，长7米，宽6米，占地面积43.38平方米，正殿三楹，红墙青瓦，清净庄严。殿前柱头的雀替镂雕着粗壮的金龙，颇为壮观。两面山墙墀头上用砖雕刻的花饰也十分精致。殿内供奉公输子像，南北壁上有壁画。檐下悬"巧思入神"匾额一幅。创建年代未详，据殿内所悬的木牌上记载，清雍正八年(1730)增建神龛，清乾隆二十五年(1760)重修全祠，并在殿的前檐加悬"巧思入神"一匾。

公输子祠

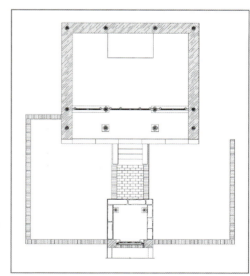

公输子祠平面图

公输子祠全景

公输子祠大门侧立面

公输子祠墀头

公输子祠大殿神龛檐部

公输子祠大殿檐部山墙水墨壁画

公输子祠大殿雀替

三圣祠

　　三圣祠在傅山纪念馆之西。据《晋祠志》记载："三圣祠，初本药王、真君两庙，乾隆二年改建为一，添龙王神，名三王祠，后改三圣。"现三圣祠建于1.5米高台之上，殿长14米，宽8.9米，檐高8.9米，建筑面积124平方米，坐南朝北，面阔三间，进深四间，前檐有廊，殿内塑有药王、真君和龙王像。高台四周砖砌花栏矮墙与牌坊门围成一个独立的庭院，占地面积361.4平方米。祠貌简雅，与水母楼、难老泉亭交相辉映。

　　古时每逢农历九月初九，晋祠附近的村民们便会携酒焚香到三圣祠举行祭祀活动。若逢天旱，乡人们也会前来向龙王祈雨。三圣祠对当地的生产生活有一定的影响，是百姓的一个重要的精神寄托。

三圣祠

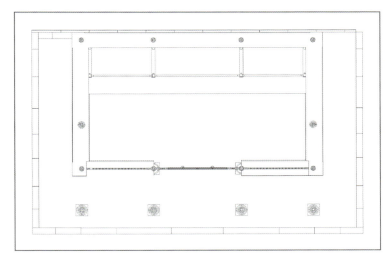

三圣祠平面图

三圣祠全景

三圣祠门楼挑梁

三圣祠门楼侧立面

三圣祠大殿明、次间檐部

三圣祠大殿前檐内檐

三圣祠大殿四架梁

三圣祠大殿神龛小木作

三圣祠大殿东立面

三圣祠大殿悬鱼

三圣祠大殿屋面垂脊

三圣祠大殿博缝头、惹草

浮屠院

浮屠院，也称塔院，始建年代不详，现大殿与东、西两厢均按《晋祠志》记载重建于20世纪80年代初。大殿五间，前廊深1.5米，两边各设耳房两间；东西厢房各三间，前廊深1.1米，建筑面积538平方米，占地面积1692平方米，与十方奉圣禅寺共同构成晋祠佛教建筑群的主体。

浮屠院中央耸立的舍利生生塔，始建于隋开皇六年(586)，一说创建于唐武德五年(622)，宋宝元三年(1040)重修，清乾隆十六年(1751)重建，2012年局部维修。舍利生生塔为七层楼阁式砖塔，平面八角形，总高37.8米。塔身逐层适度收分，使得整塔造型稳健挺拔。砖砌台基每边长6.35米，高1.4米，上置大型条石砌筑的八角须弥座塔基。塔基每边长4.25米，高1.58米。塔一层朝南开门，塔内有石蹬，盘旋可至塔顶。二层以上每面设拱窗，虚实相错，每间拱窗上都有砖雕横匾。每层檐下均有砖雕斗拱椽飞，其上出平座，琉璃脊饰代替了小型勾栏，可供凭倚，晋汾美景，皆收眼底。

院西南开有月洞门，通柏月山房，院南辟"通幽"小门一座，与奉圣寺后院相连。东南设垂花门一座，檐下石刻"浮屠院"匾额，门周围绕透空景窗，使得院落清新别致。

浮屠院

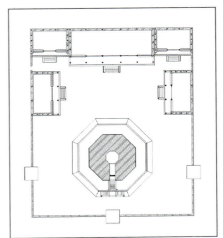

浮屠院平面图

浮屠院大殿正立面

浮屠院南院墙

浮屠院舍利生生塔一层塔檐砖雕斗拱

浮屠院舍利生生塔合角吻

浮屠院舍利生生塔宝刹

2013年6月修缮后，浮屠院舍利生生塔宝刹

浮屠院舍利生生塔塔顶乾位琉璃龙

浮屠院舍利生生塔塔顶坎位琉璃龙

浮屠院舍利生生塔塔顶艮位琉璃龙

浮屠院舍利生生塔塔顶震位琉璃龙

浮屠院舍利生生塔塔顶巽位琉璃龙

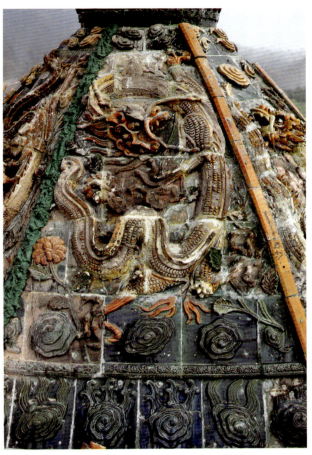

浮屠院舍利生生塔塔顶离位琉璃龙

浮屠院舍利生生塔塔顶坤位琉璃龙

浮屠院舍利生生塔塔顶兑位琉璃龙

浮屠院舍利生生塔塔顶乾位琉璃龙

浮屠院舍利生生塔塔顶艮位琉璃龙

浮屠院舍利生生塔琉璃围脊局部　花卉

浮屠院舍利生生塔琉璃围脊局部　花卉

浮屠院舍利生生塔琉璃围脊局部　花卉

浮屠院舍利生生塔琉璃围脊局部　龙饰

浮屠院舍利生生塔琉璃围脊局部　龙饰

浮屠院舍利生生塔风铎

浮屠院舍利生生塔砖匾　观澜

浮屠院舍利生生塔砖匾　振云路

浮屠院舍利生生塔砖匾　人天瞻仰

浮屠院西厢房

浮屠院西厢房角柱头、梁、檩构造

浮屠院东厢房

浮屠院东厢房明柱头、梁、檩构造

浮屠院西厢房彩画局部　　　　　　　　　　　　　　　浮屠院西厢房彩画局部

浮屠院东厢房彩画局部　　　　　　　　　　　　　　　浮屠院东厢房彩画局部

浮屠院西厢房彩画局部　　　　　　　　　　　　　浮屠院西厢房彩画局部

浮屠院东厢房彩画局部

浮屠院东厢房彩画局部

浮图院正殿

浮图院正殿屋面正脊

文昌宫

文昌宫位于晋祠北部的智伯渠北岸，南临锁虹桥，西邻东岳祠，坐北朝南，占地793平方米，始建年代不详，清乾隆三十八年(1773)扩建。

文昌宫是一座传统结构的清代建筑，规模宏大。宫门三间，为一门两窗式，雕薨甃镂、三叠四垂，门两侧辟月窗，造型精美别致。门内廊三楹，中为屏门，东西有厢房，各三间，东南隅设月门，通五云亭。正殿两层，下层洞穴三间，名为七贤祠，祭祀与晋祠有关的历史人物豫让、李白、白居易、范仲淹、欧阳修、于谦、王琼。洞上飞阁，祀文昌帝君。阁左右建平台有廊，额曰"诗榭"，廊壁上有清乾隆四十二年(1777)，杨堉书《晋祠内外八景诗》。两侧各设台阶可上下，供游人欣赏。

一层西面浅洞内东壁上，嵌有傅山所书的《文昌帝君阴骘文》石刻一块，书体为小楷，骨具神韵，堪称佳品。东面浅洞内，立清光绪时晋祠全景图石刻，是研究晚清晋祠沿革脉络难得的实物资料。

文昌宫

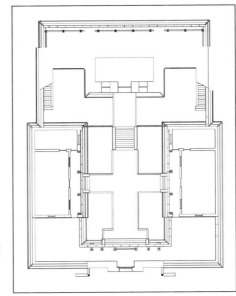

文昌宫平面图

文昌宫宫门砖雕

文昌宫宫门砖雕

文昌宫宫门角科砖雕斗拱

文昌宫宫门后檐阑、普出头

文昌宫东墙月亮门

文昌宫宫门后檐翼角砖雕构造

文昌宫正殿

文昌宫正殿前檐

文昌宫七贤祠前檐砖雕斗拱

文昌宫文昌阁西诗榭外檐下

文昌宫文昌阁西诗榭次间纵架

文昌宫文昌阁前廊走马板彩画

文昌宫文昌阁前檐廊柱

文昌宫七贤祠明间门

文昌宫文昌阁西诗榭

文昌宫东厢房

文昌宫阑、枋心彩画局部

文昌宫阑、枋心彩画局部

文昌宫东厢房梁、檩、枋构造

文昌宫东厢房木雕

文昌宫后碑廊

文昌宫后碑廊横断面

留山园

　　留山园，南邻十方奉圣禅寺，东通浮屠院。四周筑墙，开有各种图案之漏窗。20世纪80年代在原伴云洞与柏月山房旧址扩建而成。

　　月门门楣上有现代著名诗人汪国真题"留山"二字。园内有叠石假山、紫藤长廊、松柏榆槐及各种花草点缀。西北隅建一小亭，曰"留山亭"，朱柱重彩，平面六角形，圆形攒尖顶。留山亭原为柏月山房内的建筑。檐额原有傅山题书"留山"二字匾额，匾末题有小字："山可留乎？不移则留，谓之留山，其然其不然。"现存留山亭为1982年新建。西南隅假山之上建有"伴云亭"，平面云形，四角攒尖顶，亭上梁柱不施雕琢，亦不施彩画，保留原木形态，颇具特色。伴云亭与留山亭同时建成，因在伴云洞旧址，故名"伴云亭"。两亭之间，筑一小池，一条弯曲小路贯穿其中。

　　园内北侧有房屋三间，左右耳房各一，建于2007年。明间辟门，门楣有匾，名曰"柏月山房"，现代书法家沙孟海书，门楹悬傅山书联"竹雨松风琴韵，茶烟梧月书声"。

　　园内南侧有方形砖砌巨型照壁一座，宽7米。壁上有砖刻《柏月山房记》一篇，全文186字，13行，字5五寸有余，行草，由清末著名书法家、晋祠邑人杨二酉撰文并书。

留山园

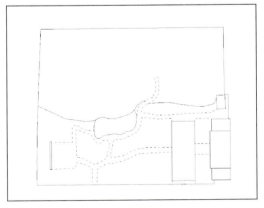

留山园平面图

留山园匾额

留山园东门

留山园柏月山房

留山园柏月山房匾额

留山园留山亭

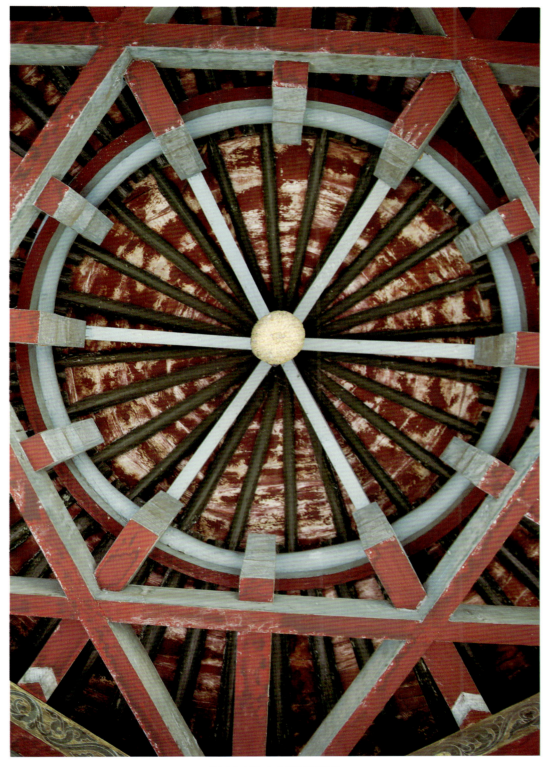

留山园留山亭脊部藻井

留山园伴云亭正立面

留山园伴云亭垂莲柱

留山园柏月山房西山影壁

留山园柏月山房走廊

灵官殿

　　灵官殿，创建年代不详，朝阳洞前庇覆之殿，位居祠内西北隅半山，面阔三间，进深两间，前檐出廊，悬山顶，建筑面积约33.75平方米。朝阳洞，负山向东，迎旭日东升，得阳光照耀，故称朝阳洞，洞内塑灵官像。殿左右辟门各一，左通云陶洞、财神洞、待凤轩，拾级而上，可连吕祖阁、读书台、三台阁；右通老君洞。门前危磴陡立，宛若云梯，俗称七十二台。自下仰观，尤为高峻。此地幽雅寂静、别有天地的美妙风光尽寓，饶有景趣。因年久失修，东倾太甚，1983年灵官殿曾落架翻修。

灵官殿踏跺侧立面

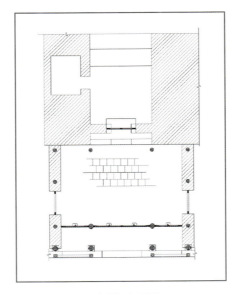

灵官殿平面图

灵官殿内部结构

灵官殿前檐

灵官殿前廊梁架结构

灵官殿七十二踏跺望柱、栏板

灵官殿七十二踏跺望柱及靠山石

松水亭

松水亭位于苗裔堂东，八角莲池西，创建年代不详。亭矩形四角，卷棚歇山顶，面宽三间，进深两间，长10米，宽6.5米，檐高4米，面积为65平方米。前后明间辟门，两次间及两山面都砌筑低矮槛墙，四面通透。北绕善利泉，南荫长寿松。

据刘大鹏《晋祠志》载："乾隆末望川亭圮，树木尚存，镇人议废望川亭而建此亭于松水之间，故颜之曰松水亭。""松水"取自王维诗句"明月松间照，清泉石上流"。松水亭东面明间两柱挂有木制楹联"晋水源流汾水曲，荷花世界稻花乡"一副，高度概括了晋祠的地域风光，诗情画意，感情充沛，是晋祠楹联之中的上乘佳品。

松水亭西对苗裔堂，乡人多在此处摆设贡品祭祀。东面为八角莲池，每到夏季莲花开放，清奇雅趣，让人不舍离开。夏夜坐于亭中，听泉观月，顿觉远离尘世，烦恼皆无，好似仙境，令人陶醉。

松水亭

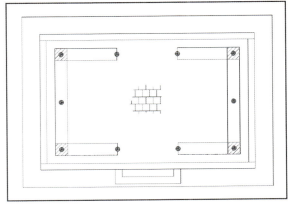

松水亭平面图

松水亭背立面

松水亭角梁后尾局部

松水亭柱、梁、枋节点

松水亭山花

松水亭翼角套兽

昊天神祠

　　昊天神祠东连东岳祠，西邻唐叔虞祠，东西29.2米，南北75.6米，前后两进，占地面积2207平方米，规模宏大。过殿关帝庙，大殿三清洞，洞上为玉皇阁，创建年代均不详。清乾隆三十五年(1770)修缮唐叔虞祠时，三处建筑尚各自独立，各称其名，均已废倾。乾隆六十年(1795)至嘉庆六年(1801)将三者合而为一，在关帝庙旧址处辟前后两院，前低后高，正殿仿文昌宫下洞上阁的规制而成，称"昊天神祠"。

　　关帝庙面阔三间，进深三间，出前廊，单檐歇山顶，内祀关帝坐像一尊。两山及后墙绘有关羽生平壁画80幅，故事连贯，情节生动。画幅之间不设界格，以山水云树隔断，是清代关帝庙壁画中的佼佼者。

　　正殿石洞五间，中三间内塑三清神像，即玉清境洞真教主元始天尊、上清境洞玄教主灵宝天尊、太清境洞神教主道德天尊，原像已毁，1982年补塑。移玉皇阁于三清洞上祀"玉皇大帝"。后院左右配以厢洞各三间。

　　昊天神祠前低后高，从入山门至玉皇阁，地势逐渐爬升，朝觐者层层拾级而上，敬畏之心油然而生。

昊天神祠

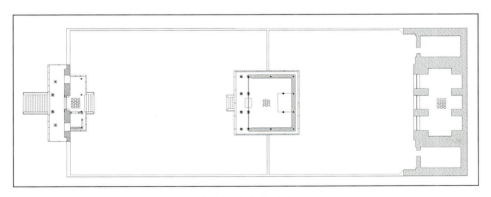

昊天神祠平面图

昊天神祠山门明间拱门

昊天神祠山门明间雀替

昊天神祠山门前廊内檐构造

昊天神祠山门后檐明间走马板外壁彩画

昊天神祠山门后檐明间走马板内壁彩画局部

昊天神祠山门后檐明间走马板内壁彩画局部

昊天神祠关帝庙

昊天神祠关帝庙鸱吻、排山

昊天神祠关帝庙斗拱及雀替

昊天神祠关帝庙西山墙壁画

昊天神祠关帝庙西山局部

昊天神祠关帝庙西山局部

昊天神祠三清洞　玉皇阁正立面

昊天神祠玉皇阁踏跺

昊天神祠三清洞砖斗拱

昊天神祠玉皇阁后廊廊部梁架

昊天神祠玉皇阁翼角

昊天神祠玉皇阁角柱、梁、枋接头

昊天神祠前院西厢房

昊天神祠后院西厢房

钧天乐台

钧天乐台，位于昊天神祠南侧，坐南朝北，是专为祭祀关帝演唱戏曲的戏台，清乾隆年间建造。"钧天"取自《列子·周穆王传》"钧天广乐，帝之所居"。"钧天广乐"比喻仙乐袅袅，闻之使人如临幻境。

乐台高1.5米，台基前部及两侧围以低矮的石雕栏板。前部为三面开敞的卷棚歇山式建筑，高7.5米，后部为面宽三间的单檐歇山顶乐楼，高10.1米，屋顶用勾连搭形式连接为一体。前部平面采用了移柱法，明间扩大到4.51米左右，最大限度地满足了演出的需求。前台柱头上皆施圆形大额枋承重，枋上设斗拱。拱头皆雕成下昂，并刻三幅云。柱头科及平身科后尾部采用镏金作法，从台上仰视，有华美之感。前檐明间巨大的雀替镂空层雕，拱眼壁上的矮雕龙凤装饰，使得整座乐台显得格外精美，为祠内清代建筑的代表作。

钧天乐台选址颇有情趣，把一座玲珑剔透的乐台巧妙地安置在智伯渠之滨。观者从会仙桥眺望，钧天乐台临水泊岸，犹如一座水榭高台。每逢演奏，丝竹笙簧声、高歌低唱声、潺潺流水声，各种声音交织在一起，情趣盎然。台内高悬当代学者张颔书"钧天乐台"横匾，两旁挂有现代书法家王遐举于1980年书写的楹联："音入妙时，如蟾宫绝调；像传神处，拟才子奇书。"

钧天乐台

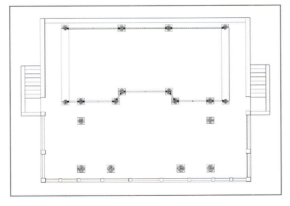

钧天乐台平面图

钧天乐台侧立面

钧天乐台台口明间纵向梁架

钧天乐台台口斗拱

钧天乐台台口横断面

钧天乐台台口转角斗拱

钧天乐台后台山花屋脊

钧天乐台后台山花

钧天乐台翼角

钧天乐台台口雀替

钧天乐台台口后檐雀替

钧天乐台台口后檐雀替局部

钧天乐台台口内檐彩画

钧天乐台戗兽

钧天乐台鸱吻

钧天乐台套兽

钧天乐台脊刹

钧天乐台山花

东岳祠

　　东岳祠，又名泰山庙。奉祀东岳大帝黄飞虎。祠坐北朝南，东邻文昌宫，西北隅接昊天神祠。创建年代不详，清道光五年(1825)、光绪三年(1877)重修，2010年揭顶维修。

　　东岳祠长12米，宽9.9米，檐高9.5米，建筑面积120.5平方米，占地面积466平方米。正殿面宽三间，进深三间，悬山顶。殿前有方形享堂，歇山顶，四面明间辟门，次间砌筑方心墙。享堂前建有门楼，为两柱一楼卷棚悬山顶式牌楼，牌楼至正殿围有低矮的砖砌花墙，形成独立小院，简洁明快。

东岳祠

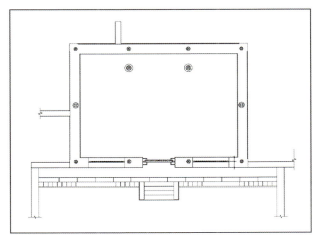

东岳祠大殿平面图

东岳祠门楼

东岳祠享亭

东岳祠享亭转角斗拱

东岳祠享亭西南翼角

东岳祠大殿明间

东岳祠大殿檐口

东岳祠大殿山花

东岳祠大殿鸱吻

东岳祠大殿东次间走马板

东岳祠大殿角科斗拱

东岳祠大殿明间梁架仰视

东岳祠大殿柱、梁节点

三台阁

　　三台阁，位于读书台北，与吕祖阁一线，负山面东。屋檐画栋，美轮美奂。清光绪初，晋祠住持僧续昙募建此阁于悬瓮山腰，因地高峻，命名三台。面宽三间，进深两间，卷棚硬山顶，占地面积51.5平方米。近人张友椿批《晋祠志》题诗曰："高台下瞰疑无地，朗月东来若可呼。"倚栏东望，静怡园中七星柏、集鸦槐迎面耸立，鸟语花香，咫尺可闻。骚人墨客临此佳境，无不题咏抒怀。清光绪时汪敦元仿汉缪篆所题的木刻楹联云："胜迹拓蓬莱，凭栏向远，只赢得几点落花数声鸣鸟；名山开图画，把酒凌虚，莫辜负四围香稻万顷沙鸥。"

　　三台阁于晋祠地势最高，可鸟瞰晋祠全景，智伯渠蜿蜒穿流于殿堂楼阁之间，影影绰绰的古树名木点缀其间。四季景致各有特色，早春桃李争艳，夏风杨柳依依，金秋果实累累，寒冬白雪皑皑。

三台阁

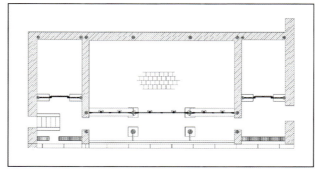

三台阁平面图

三台阁走马板彩画

三台阁走马板彩画

三台阁走马板彩画

三台阁走马板彩画

三台阁走马板彩画

三台阁走马板彩画

三台阁南山垂脊排山砖博缝

真趣亭

　　真趣亭，建于民国初年，位于难老泉东北的石塘北岸，面阔三间，进深三间，单檐歇山顶，面积25.7平方米。亭下石券门洞，名曰"洗耳洞"，有石磴可至难老泉。

　　真趣亭基址原为石梯口，后改成石洞，上置台基，基上筑凉亭，亭平面呈长方形，四壁敞空。登临亭中，凭栏观赏，尽可体味晋祠幽雅别致的意趣。亭北面明间檐下有匾"真趣亭"，楹柱有联"穿花蛱蝶深深见；点水蜻蜓款款飞"；南面明间檐下有匾"清潭写翠"，楹柱有柯璜题联"此地饶山中兴趣，到处皆水面文章"。亭东西两面明间迎风板上分别有匾"迓旭"、"把爽"。

真趣亭

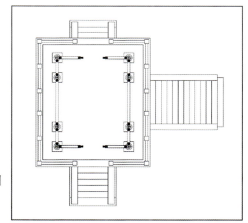

真趣亭平面图

真趣亭匾额

真趣亭檩、枋彩画

真趣亭全景

真趣亭西门走马板彩画

真趣亭翼角仰视

不系舟

　　不系舟，位于难老泉出口，舟身石砌，民国十九年(1930)所建，上置单檐卷棚式的凉亭，长7.65米，宽3.5米，檐高3米，面积24.6平方米。不系舟取意于《庄子·列御寇》："巧者劳而智者忧，无能者无所求，饱食而遨游，泛若不系之舟"之句。宋代诗人梅尧臣有诗："目极高飞鸟，身轻不系舟。"

　　不系舟仿佛一条小石船荡漾在碧波之中，游人登临其上，可欣赏难老泉的美景。水中石坝如一条玉带系于腰间，堤坝下凿有十孔洞。但见难老泉水从洞中滚滚流出，如碧玉般透明美丽。水中浮萍，浓郁苍翠，四季长青。

不系舟

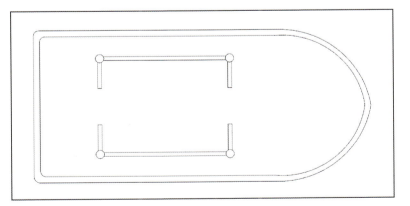

不系舟平面图

不系舟西面

不系舟曲桥

不系舟横断面

不系舟檩、枋彩画

不系舟翼角

难老艺苑

　　难老艺苑，建于民国初，原为阎锡山部下黄国梁的私人别墅。建筑坐西朝东，北临水母楼。原建筑含南、北厢房，为一处独院，院内中央有水塘，水塘上有桥，横跨东西，现仅存正厅。正门有楹联一副"飞雪迎春到，心潮逐浪高"，是1959年郭沫若先生游览晋祠时借毛泽东诗句题写。

难老艺苑

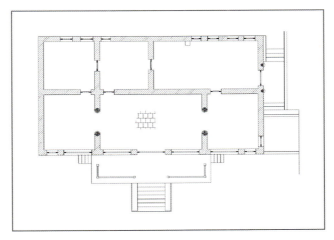

难老艺苑平面图

难老艺苑北山墙

大钟亭

　　大钟亭位于西湖(留山湖)东畔，翰香馆北侧，平面正方形，台高1.26米，亭高8.5米，面积74.8平方米。每面三间，重檐歇山顶，橼飞出檐适度，黄绿色琉璃雕花脊饰，孔雀蓝琉璃瓦剪边。四周檐柱十二根，内设金柱四根，其位置与各面明间两柱平行布列，从而在平面上形成井字形柱网。金柱柱头直承上层屋檐，檐柱高3.3米。

　　钟亭内悬挂6500公斤大铁钟一口，为金天德五年(1153)清徐县集义乡东社大历寺遗物。元代在徐沟建萧何祠，将此钟悬于其山门旁钟楼内。后萧何祠毁，此钟1957年从废址上迁到晋祠，特盖大钟亭以保护。

　　钟高2.61米，钟口直径2.24米，周长6.65米，螭首钮，周围铸有八个传声孔。钟呈圆顶直口，钟身分四层铸造，钟口原有凤耳十个，现缺一个，损坏两个。钟身一层周围铸莲花纹饰及通经法器，钟上有金天德五年(1153)铭文，锈蚀严重，多处字迹不清。

大钟亭

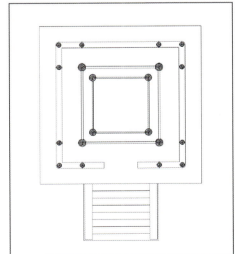

大钟亭平面图

大钟亭二层翼角仰视

大钟亭钟架

傅山纪念馆

　　傅山纪念馆位于胜瀛楼西南侧,坐南向北与白鹤亭斜对,是一处小巧玲珑、典雅别致的清代风格四合院。

　　傅山纪念馆,原址为同乐亭,创建于清乾隆二年(1737),原有南屋三楹,东西配房各三间,前开屏门,另成院落;东北隅辟小门,外有别致小院。时书法家杨二酉在《同乐亭记》写道:"里城人岁时宴飨,来会于斯,无移樽择胜之劳,有少长咸集之盛,故名其亭曰同乐。"刘大鹏题有楹联:"同声相应、同气相求、同人共乐千秋节;乐不可无、乐不可极、乐事还同万众心。"

　　傅山纪念馆展厅面积500平方米,展出傅山先生字画百余幅。馆内四周连通,为加廊式展厅,布展灵活便利。前门出廊,雕刻精致,油饰彩绘,雅致怡人。纪念馆大门前檐悬挂今人沙孟海题书"傅山纪念馆"横匾。门廊楹柱上有傅山撰书楹联:"万竿逸气争栖凤,一夜凌云看箨龙。"其行笔如流水,着墨似飞云,飘逸洒脱,秀里藏刚,对仗工整,贴切而奇特,读来生气勃勃。

　　院内中央有一尊汉白玉雕刻的傅山坐像,雕工细腻,神态逼真,颇能展现傅山刚直不阿、大气磅礴的风范。雕像背后展亭楹柱上有傅山撰书楹联:"梧桐月向怀中照,杨柳风来画上川。"

傅山纪念馆

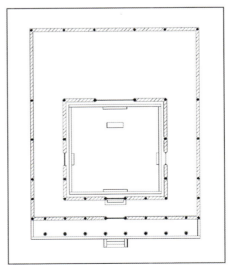

傅山纪念馆平面图

傅山纪念馆垂花门、外廊檐部

傅山纪念馆阑、普彩画局部

傅山纪念馆阑、普彩画局部

傅山纪念馆大门门楼东山山际彩画局部

傅山纪念馆大门门楼西山山际彩画局部

傅山纪念馆大门门楼东山山际彩画局部

傅山纪念馆大门门楼西山山际彩画局部

傅山纪念馆垂花门屋顶背部

傅山纪念馆傅山像

贞观宝翰亭

贞观宝翰亭，又名唐碑亭，位于唐叔虞祠东侧，昊天神祠西南隅。创建于唐贞观二十一年(647)，初仅一楹，西向。清乾隆三十五年(1770)扩建，并改为南向，邑令周宽并题加"贞观宝翰"匾额，1984年重修。

亭坐北向南，悬山顶。面宽三间，进深二间，坐落在1.5米的台基上。亭内存有《晋祠之铭并序》碑两通，东边为唐贞观二十年(646)唐太宗亲自撰写的原碑，西边为清乾隆三十七年(1772)杨堉按原碑拓片双钩摩勒的复制碑。唐碑额左右各雕螭龙首一对，齐头下垂，为唐代碑额的典型特点。碑文书体飞逸洒脱，骨格雄奇，充分表现出原书的神韵。它是中国现存最早的行书碑，对于研究书法艺术有极其重要的价值。

在亭内的北壁上，嵌唐太宗李世民的线刻画像，是据《故宫周刊》影印南熏殿本翻刻。东壁嵌有朱彝尊集杜甫诗句"文章千古事，社稷一戎衣"石刻楹联一副，西壁嵌有清康熙年间太原知府周令树撰《重建晋祠碑亭记》石刻。

贞观宝翰亭

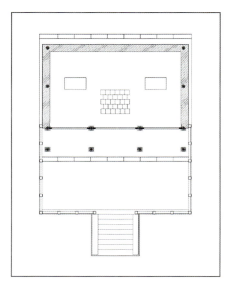

贞观宝翰亭平面图

贞观宝翰亭　晋祠之铭并序

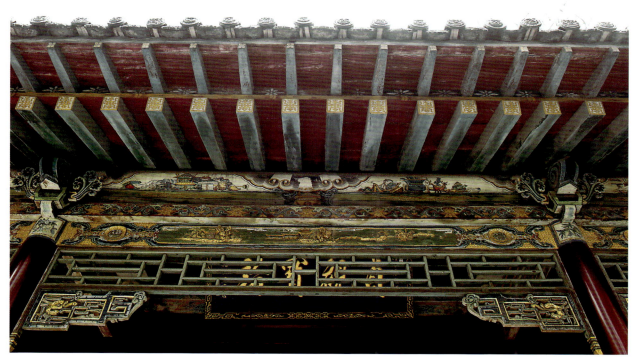

贞观宝翰亭明间外檐彩画

贞观宝翰亭明间前檐雀替

贞观宝翰亭西次间梁架横断面

贞观宝翰亭东山山际彩画

贞观宝翰亭东山山际彩画

贞观宝翰亭西山山际彩画

董寿平美术馆

　　董寿平美术馆位于晋溪书院东侧，坐东朝西，是一座由两进院落组成的仿古建筑，专门收藏和陈列我国当代著名画家、书法家董寿平先生捐赠的精品书画、珍贵遗物、文献资料。

　　董寿平美术馆于1986年筹建。1987年省市拨款一百余万元开始建设，至1989年第一期工程完成。1990年初，馆内外装修、彩画、园林规划等工程也全部竣工，占地2200平方米，建筑面积870平方米，展线200米，是当时国内展陈设备较先进，设计水准较高的一座美术馆

　　董寿平美术馆建筑风格雍容典雅，青堂瓦舍，庭院回廊，彩画绚丽。馆内轻钢龙骨，吊顶素色，磨石漫地。北院中央有一座董寿平先生的汉白玉浮雕像，由太原市城市雕塑研究所设计。碑阴刻有袁旭临书、赵宝琴设计并摹勒上石的《董寿平美术馆碑记》全文。正门亭上刻有著名书法家、原佛教协会会长赵朴初先生题写、赵宝琴设计摹勒刻石的"董寿平美术馆"门额。馆的南部是一处开敞式游园，水塘、花草、林木、凉亭点缀其间，环境优雅。

董寿平美术馆

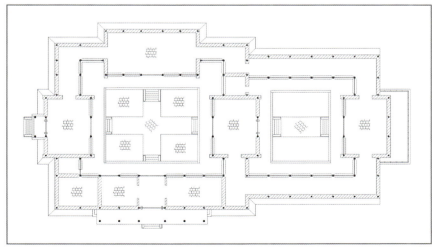

董寿平美术馆平面图

董寿平美术馆廊部角柱位置彩画

董寿平美术馆廊部角柱位置彩画

董寿平美术馆廊部角柱位置彩画

董寿平美术馆东房屋檐檐部彩画

董寿平美术馆转角处檐下彩画

董寿平美术馆

"董寿平美术馆记"碑

晋溪书院

　　晋溪书院，明嘉靖十一年(1532)由王琼创建，原属晋祠祠垣外南侧，东向。书院西侧为王琼祠。民国三十四年(1945)，晋溪书院曾重修，后渐残破。1993年6月，晋溪书院重修落成，格局稍改，分为前后两进院落，占地2881.6平米。过殿"太原堂"前立王留鳌所书《重修晋溪书院记》。

　　晋溪书院现为海内外王氏后裔祭祀祖先的重要场所。正殿为子乔祠，中奉王氏祖先"子乔"像，殿内南北山墙和后墙绘有壁画，内容为太子晋之生平，共计24幅、62平方米。南、北两厢房及太原堂内陈列着太原王氏历代名人。正殿、两厢及过殿檐下，挂满了海内外王氏后裔敬献的楹联匾额。

晋溪书院

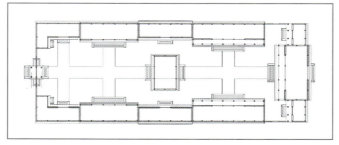

晋溪书院平面图

晋溪书院大门

晋溪书院西立面

晋溪书院大门雀替

晋溪书院大门檐头构造、鸱吻

晋溪书院大门夹杆石局部

晋溪书院大门夹杆石

重修晋溪书院记碑

晋溪书院太原堂背立面

晋溪书院子乔祠正立面

晋溪书院子乔像及神龛

晋溪书院子乔祠翼角

晋溪书院子乔祠走马板彩画

晋溪书院子乔祠走马板彩画

翰香馆

　　翰香馆正殿于1983年由原傅公祠（山西省政协院内）迁建而来，建于民国初年。正殿面宽五间，硬山顶，前后出廊，因存有清代木质《翰香馆法帖》而命名。2007年扩建，正殿增设左右耳房各三间，院门两侧建半壁回廊，东西各建厢房五间，正殿后沿院增建房七间，卷棚顶。它与奉圣寺、浮屠院相邻，坐北朝南，四周环廊，围成一处方形院落，东西30米，南北36.5米，占地面积1095平方米。

　　南廊下镶嵌有傅山书、段绎刻《太原段帖》，正殿东侧院墙上嵌有清代山西学者，平定人张穆摹钩宋代大书法家黄庭坚书写的狂草李白《忆旧游寄谯郡元参军》石碣五块；正殿西侧院墙上嵌有镌于清乾隆六十年（1795)的傅山《青松碑》一块。

翰香馆

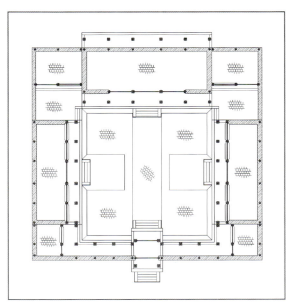

翰香馆平面图

翰香馆大门檐头

翰香馆大门外西侧蹲狮

翰香馆大门外东侧蹲狮

翰香馆大门雀替

翰香馆大门天花

翰香馆大门屏风东侧

翰香馆大门屏风西侧

翰香馆大殿正立面

翰香馆大殿西稍间前檐

翰香馆大殿挑间梁

翰香馆大殿彩画局部

翰香馆大殿彩画局部

翰香馆大殿彩画局部

翰香馆大殿彩画局部

翰香馆围廊廊内《段帖》

翰香馆东厢房正立面

翰香馆东厢房檐部椽、飞头

清华堂

　　清华堂，据《晋祠志》载："北齐天保间(550—559)创建，不知废于何时，亦不知其所在。道光间(1821—1850)重建五楹于莲花台北，额之曰"清华堂"，存古籍也。"民国初年，此堂尚且完备，20世纪50年代仅剩台基。2007年，在祠垣以西，五云亭以东，与北河呈三角地带重建两组建筑，建筑面积583.74平方米。正殿面阔七间，西向，单檐卷棚顶；南北耳房各三间；偏殿亦七间，南向，单檐卷棚顶。东北角月亮门连接两组建筑，其后小院，小屋三间。堂前北河上，新修桥亭一座，单檐歇山顶，仿北魏风格。

清华堂

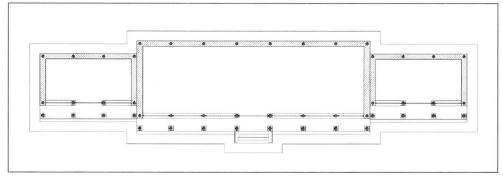

清华堂平面图

清华堂正殿

清华堂北厅

南小亭

南小亭，系民国五年（1916年）创建，位于傅山纪念馆和三圣祠之间，硬山顶，面阔三间，建筑面积73平方米。

南小亭正立面

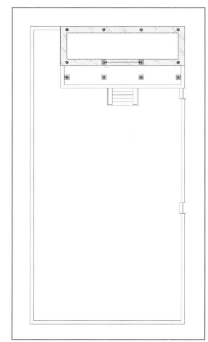

南小亭平面图

南小亭檐部

门

　　晋祠（正门），兴建于1962年，为三间券洞式山门，建于长11.77米，宽7.1米的台明之上。大门东向明间上方有贴金行书匾"晋祠"，为毅同志1959年游晋祠时书写，行笔矫健，秀里藏刚。

　　晋祠胜境（北门），西接昊天神祠，东连堡墙，为砖石砌门楼，长5.1米，宽1.45米。大门北向上方有砖刻匾额"晋祠胜境"，为民国十九年六月（1930）太原县长屠孝鸿题，故此门应建于同年。而据其位置估计，此门应由原延鳌门改建而来。

　　别有天地（西门），晋祠西围墙上，公输子祠西侧，为通往悬瓮山的便门。门洞上方有一横匾"别有天地"，意为此门之外，当别有一番天地。

　　惠远（南门）。"惠远门"即"景清门"。景清门原为晋祠大门，1983年移为奉圣寺山门。2011年，晋祠南便门重修加固，命名"惠远门"，存名而已。

晋祠大门

晋祠大门外侧立面

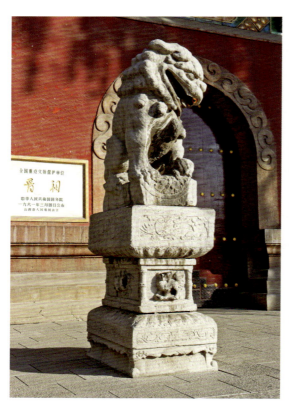

晋祠大门外南侧蹲狮

晋祠大门外北侧蹲狮

晋祠胜镜门

晋祠胜境砖雕匾额（北向）

晋祠胜境砖雕匾额（南向）

晋祠别有天地门

晋祠惠远门

桥

晋祠内诸桥如下：

挂雪桥　一名"双桥"，在白鹤亭西侧，砖石砌筑，桥底有两个并排券洞支撑桥面，两侧为花栏墙。原桥南有牌坊一座，名曰"胜览"，现已不存。"双桥挂雪"是晋祠内八景之一。

会仙桥　在金人台东侧北河上，也称"金人桥"。桥面高凸似弓背，东、西两端均设台基，桥两侧为砂石栏板。相传，古时每年四月十四日有仙人在桥上相会，故名"会仙桥"。

碧澜桥　位于东岳祠前北河上，也称"泰山桥"。桥东、西两侧为砖石花栏墙，北岸与地平，南岸较低。

锁虹桥　清乾隆三十八年创建，在文昌宫前，也称"文昌桥"，规模于会仙桥相当，但要比之精致。

仰止桥　在王琼祠前南河上，创建年代不详，2007年重修。"仰止"二字，表达了后人对王琼的崇敬之情。

晋祠挂雪桥

晋祠会仙桥

晋祠碧澜桥

晋祠锁虹桥

晋祠仰止桥